中国地质大学“十一五”教材项目资助

珠宝企业经营与管理

ZHU BAO QI YE JING YING YU GUAN LI

尹作为　陈　翼　李笑路　编著

中国地质大学出版社

内容简介

本书系统阐述了珠宝企业的性质、类型和特点，以及如何创立珠宝企业（公司）、珠宝企业（公司）市场切入的方法、经营模式和核心竞争力的塑造等，详细论述了珠宝企业管理的思维和方法，特别是管理者应该具备的条件、如何进行决策和应该掌握的理论，并对珠宝企业的组织人事管理、运营管理、质量和品牌管理、生产与物资管理特别是成本控制等方面进行了充分论述。

珠宝企业经营与管理是集宝石学、管理学和经济学等为一体的一门交叉学科，是学生走上未来工作岗位、适应特殊行业需求的必修课程。本书内容紧凑、概念严谨、条理清晰、内容丰富，不仅可以作为大专院校学生的专业图书，也可以作为珠宝销售、管理人员的有益参考。

图书在版编目(CIP)数据

珠宝企业经营与管理/尹作为等编著. —武汉：中国地质大学出版社，2008.1
(2015.1 重印)
ISBN 978-7-5625-2227-0

Ⅰ.珠…
Ⅱ.尹
Ⅲ.首饰-工商企业-企业管理
Ⅳ.F407.89

中国版本图书馆 CIP 数据核字(2008)第 000133 号

珠宝企业经营与管理 尹作为 陈 翼 李笑路 编著

责任编辑：张 琰 责任校对：戴 莹

出版发行：中国地质大学出版社（武汉市洪山区鲁磨路 388 号） 邮政编码：430074
电话：(027)67883511 传真：67883580 E-mail：cbb @ cug. edu. cn
经 销：全国新华书店 http://www.cugp.cn

开本：787 毫米×960 毫米 1/16 字数：229 千字 印张：12
版次：2008 年 1 月第 1 版 印次：2015 年 1 月第 6 次印刷
印刷：武汉市教文印刷厂 印数：15001—17000 册

ISBN 978-7-5625-2227-0 定价：42.00 元

编者的话

珠宝首饰作为一种特殊商品，逐步成为人们生活中的重要组成部分。而珠宝企业作为这种特殊商品的生产和经营部门，具有自身的发展规律和管理模式。特别是加入WTO之后，我国的珠宝企业面临进一步发展的机遇和挑战，珠宝市场的竞争日趋激烈。面对目前珠宝产业的经营状况，珠宝企业在抓好产品质量的同时，更需要管理创新，适应新形式，在不断地参与国内外市场的竞争中求得生存和发展。

以珠宝企业作为研究对象的珠宝企业经营与管理是集宝石学、管理学、经济学等为一体的一门交叉学科，旨在研究和探索珠宝企业在发展过程中有效的管理理念、手段和模式。珠宝专业学生学习珠宝企业经营与管理，为未来工作打下良好的基础，更好地参与珠宝企业的发展，是十分必要的。本书也可作为珠宝业界同仁、珠宝首饰行业的未来参与者和关心珠宝行业发展的读者的一种参考书籍。

本书由中国地质大学(武汉)珠宝学院副教授尹作为(博士)主编，湖南邵阳珠宝有限公司总经理陈翼先生和南昌达尔曼珠宝金行总经理李笑路先生协同编著。本书的出版是在各界朋友的大力支持和出版社领导与编辑的通力协作下顺利完成的，在此一并表示感谢。

编　者

2008年1月16日

目 录

第一章　珠宝企业概述

珠宝首饰作为一种人们喜爱的高档商品，不断地在为人们的生活添姿增彩，也越来越成为人们生活中不可缺少的物品；而作为生产者的珠宝企业，无论是在生产或销售环节中，都有自身的发展模式和规律，了解和掌握这些规律和特点是管理好珠宝企业的关键。

许多人关心这样一个问题：如何开一个珠宝公司（珠宝专卖店）？这是一个值得研究和探讨的问题，本书就这一大家关心的问题提供一些思路和经验，仅供参考。

第一节　珠宝企业

在一些商业网点，经常可以看到一些珠宝专卖店、珠宝专柜等珠宝企业的运作模式，它们为市场经济增添了一份色彩和动力，也为人们的生活增添了装饰和美意，并且越来越成为国民经济发展中不可忽视的力量。

案例： 深圳某珠宝公司在国内 30 个城市大型商场设有专柜，每个城市平均 2～3 个商场，每个商场的月销售额为 20～50 万元人民币，该公司年销售额约 1.4～4 亿元人民币，但公司仅 30 余人，小规模创下大业绩，成功的关键就在于其独特的行销方式。

一、珠宝企业的定义

珠宝企业是从事珠宝首饰及相关产品的生产、流通、服务等经济活动，在市场经济中依法设立的自主经营、自负盈亏的经济组织，是珠宝行业中的基本单位。作为企业需要交纳增值税、企业所得税、营业税等，而大型珠宝企业通常要申请一般纳税人，需要交纳 17％的增值税，小型珠宝企业一般采用定税或小额纳税（通常为 4％）。

珠宝企业包括小的珠宝专卖店、大型珠宝公司、珠宝加工厂、珠宝镶嵌厂、珠宝信息产业公司等。图 1－1 和图 1－2 所示是国内、外知名珠宝企业。

蒂芙尼珠宝
http://www.tiffany.com/

卡地亚珠宝
http://www.cartier.com/

宝嘉丽珠宝
http://www.bvlgari.com/

施华洛世奇珠宝
http://www.swarovski.com/

图 1-1　部分国际著名珠宝企业

图 1-2　中国著名珠宝品牌

美国的蒂芙尼(TIFFANY)和法国卡地亚(Cartier),意大利的宝嘉丽(BV-LGARI),奥地利的施华洛世奇（SWAROVSKI）等国际珠宝企业，是目前知名的珠宝品牌，多数都有上百年的历史，有着精湛的设计和巨大的市场需求。

国内珠宝公司和著名珠宝品牌也相当多，特别是许多香港的珠宝品牌与内地珠宝品牌在国内市场上同台竞技，极大地推动了国内珠宝行业的发展，周大福、兆亮珠宝、金伯利钻石、石头记等品牌（图 1-2）已家喻户晓，而象邵

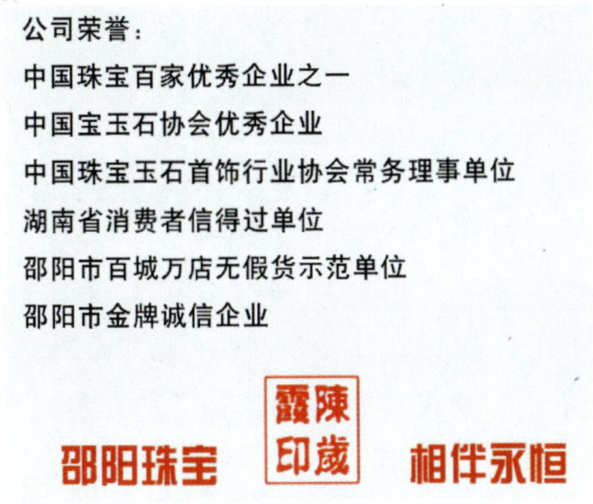

图 1－3　湖南著名珠宝企业（公司）

阳珠宝（图 1－3）等品牌的影响力也正逐渐扩大。国内珠宝企业的发展也正迈向逐步成熟的境界。

二、珠宝企业的特征

1. 珠宝企业是经济组织

珠宝企业是以赢利为目的，从事珠宝首饰及相关产品的生产、流通、服务等活动的经济组织（图 1－4）。实现着珠宝产品价值的增值活动，通过赢利来实现生产和再生产，并通过这样的循环完成企业的顺利发展。它不同于政府机关、学术团体等非经济组织。

2. 珠宝企业是法人

珠宝企业是依法设立、自主经营、自负盈亏、实行独立核算的经济组织，依法享有资产的经营权、处置权和收益权，受法律保护。同时珠宝企业还要承担相应的社会责任，如保护环境等。

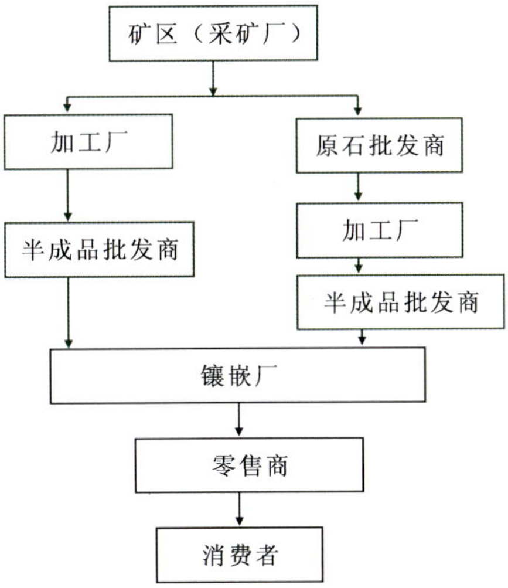

图 1－4　珠宝企业商品的流通

珠宝企业必须持有：由工商局颁发的企业法人营业执照、由国税局颁发的国税登记证、由地税局颁发的地税登记证、由技术监督局颁发的企业法人组织机构代码证等有效合法证件。

随着我国市场经济的不断发展，相关法律法规的不断完善，珠宝企业也必将成为市场守法的主体。

3. 珠宝企业以市场为导向，以发展为目标

珠宝企业生存在特定的环境中，其直接环境就是市场，满足市场需要是企业生存和发展的前提。不同的市场需求不同，同一款式在一个地方不受欢迎，在另一个地方却可能受到欢迎。市场是不以企业的意志为转移的，因而企业要紧跟市场，根据市场变化调整产品结构。企业要引导消费，提高消费者的消费水平。以一节柜台为例：老款式首饰占 20%，常用款式首饰占 60%，新款式首饰占 20%，这些新款式首饰就起到了引导消费的作用。

以市场为导向和引导消费的同时，珠宝企业必须以发展为目标，只有通过自身的可持续性发展，才能不断地实现企业的价值，才能不断地推动科技的进步。

4. 珠宝企业是现代社会经济的基本单位

珠宝企业为珠宝首饰的生产和流通提供支持，创造着价值和使用价值。值得指出的是，目前国内的珠宝企业规模多数相对较小，家族式企业比例不少，几乎处于完全竞争之列。上万人的专职珠宝生产经营的大型企业很少，在国外也不是很多。

但是，珠宝企业近年持续的发展，为人们提供着各类珠宝首饰产品，满足着不同层次求美的需要，使得珠宝首饰成为人们日常生活的重要商品，珠宝企业正在逐步成为构建社会主义市场经济的基本单元。

5. 珠宝企业的产品为奢侈品

名贵的珠宝首饰是人们梦寐以求的装饰或者财富，而珠宝企业从事珠宝首饰及相关产品的生产及流通。名贵的珠宝首饰在经济学中被划为奢侈品范畴，其收入-需求弹性值通常大于 1（即 $E_I>1$）。正是因为珠宝产品这一特性，珠宝企业相对其他企业来说（如食品等必需品生产企业），对消费者收入（即对经济增长或萧条）反应敏感，有经济的“晴雨表”之称。

注：$$E_I=\frac{\text{需求量的变动百分比}}{\text{消费者收入的变动百分比}}=\lim_{\Delta I\to 0}-\frac{\Delta Q}{\Delta I}\times\frac{I}{Q}=\frac{\mathrm{d}Q}{\mathrm{d}I}\times\frac{I}{Q}$$

式中：ΔQ——某首饰消费变化量；

Q——某首饰消费量；

ΔI——消费者用于首饰消费的收入变化量；

I——消费者收入。

根据 Adams John & Zuowei Yin (2006)研究表明，中国、美国、英国三个国家 2001—2005 年珠宝首饰的收入-需求弹性值(E_I)变化特点如图 1 - 5 所示。

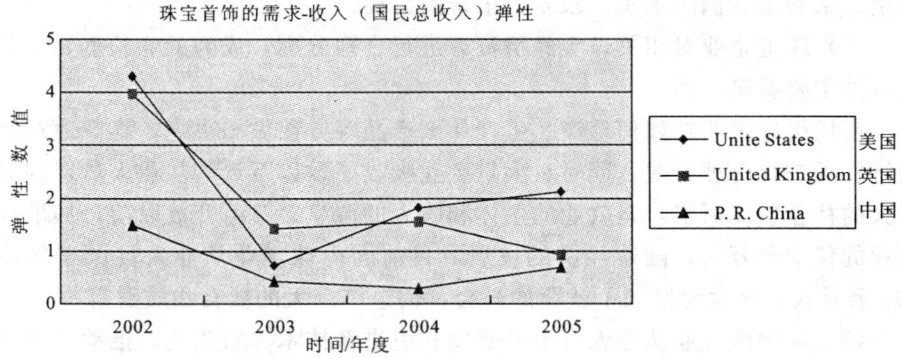

图 1-5　根据国民总收入计算的中、美、英三国珠宝首饰 E_I 变化特点

根据图 1-5，美英两国的弹性参数基本上都大于 1，说明两国珠宝首饰消费增速较快。而中国的弹性参数基本上都小于 1，说明中国的珠宝首饰消费增长缓慢，中国大多数民众对珠宝首饰支出谨慎。

三、珠宝企业的目标和功能

1. 珠宝企业的目标

关于企业的目标，众说纷纭，但目前比较一致的看法是，利润（或收益）最大化，而与之相伴的便是成本最低化。

利润最大化（Max profits/gains）包括四个方面：产值最大化、销售收入最大化、利润最大化、企业财富最大化。

成本最低化（Min cost）包括：最小固定成本、最小可变成本、最小社会成本。

珠宝企业的目标仍处于研究中，比较广泛认同的观点是：短期内，以实现企业生产利润或者销售利润最大化为目标，并同时降低成本；长期内，以实现企业规模效益、品牌效益，做到企业财富增加的同时实现社会财富的增加，并推动珠宝相关科技的进步，实现自身科学的可持续发展。

2. 珠宝企业的功能

珠宝企业是珠宝行业的基本要素，其对于推动经济发展、提高国民消费水平、繁荣市场等起着积极作用。这些在以下三个方面得以体现。

(1) 珠宝企业的产品满足了人们求美的需求

爱美之心，人皆有之。珠宝首饰作为人们装饰的重要商品，企业要不断提供这种产品以满足这类需求，特别是不断地设计和创新款式并提高珠宝产品的质量，来满足人们的求美、求新、求奇的需要。

(2) 珠宝企业对相关珠宝经济资源进行合理分配，成为就业的重要部分和收入的主要源泉

市场引导企业在如何生产、生产什么产品等方面做出决定，客观地对社会经济资源进行合理分配。同时，大量企业吸收了数以万计的从业人员，创造了巨大的社会物质财富，是就业的主体和收入的源泉。改革开放以前，从事珠宝行业的仅十余万人，随着经济的发展，目前国内珠宝业从业人员保守估计约300余万人，极大地增加了就业的机会，创造了巨大的社会物质财富。

(3) 我国珠宝业从业人员不断研发和引进新技术、新工艺，推动了科技进步

由于利润和竞争的驱动，企业必须降低成本，提高质量，扩大规模，客观上要求企业改进设备，采用新技术、新工艺，从而推动科技进步。

国内一些老资格的玉石加工厂加大技术改造力度以适应市场需求；也有许多企业聘请香港、意大利的能工巧匠来帮助提高技术和工艺；一些研究机构（如清华大学、上海硅酸盐研究所）在人工晶体方面已走在世界的前列；一些宝石鉴定、就业培训机构也应运而生。中国地质大学（武汉）珠宝学院是国内宝石学教育的先驱，极大推动了珠宝知识的普及和发展。

四、珠宝企业的种类

根据不同的标准，珠宝企业可以分为不同的种类。

1. 根据法律形式的选择，可分为以下5种

(1) 私人独资企业：是指由个人出资产权归个人所有的珠宝企业。是较原始的企业形式。其优点是企业有完全的收益权、经营权、灵活性强、保密性好，但缺点是无限责任、规模小、寿命短。如一些小型珠宝首饰专卖店。

(2) 合伙企业：是由两个或两个以上的自然人共同出资创办的企业。同私人独资企业相比，优势在于资金来源广，智慧来源多，规模较大，但缺点是由于管理者意见不一致造成管理决策上难以统一。

(3) 三资企业：由全部或部分国外资金或技术、合作或合资形成的企业。

(4) 公有制企业：由国家或集体投资，委派人员经营管理。目前在国内，这样的珠宝企业已经较少。

(5) 公司制企业：由两个或两个以上股东出资，自主经营，自负盈亏，对企业资产享有民事权利，承担民事责任的经济法人。公司制企业可分为有限责任公司和股份有限公司。有限责任公司是指由一定人数的股东组成，按其出资额对公司负有限责任，一般都有最高人数限制，我国《公司法》规定其股东为

2～50人。股份有限公司由一定人数的股东所设定，公司全部资本分为均等股份，投资者按其认购股份的金额对公司债务承担有限责任的公司。股份有限公司股东必须达到法定人数，我国《公司法》规定必须是5人以上，股东为自然人或法人。

2. 根据企业的功能可分为以下6种

（1）矿山企业：主要从事珠宝相关矿石资源的开采和维护。该类企业处于珠宝行业价值链的第一环节，为珠宝企业提供着重要的原材料，是珠宝行业发展的基础保证。这类企业经营成功的关键因素在于企业所拥有的矿床类型和丰度，其次是矿山企业自身的开矿和选矿能力及成本控制。能提供珠宝原料的这一类矿山企业主要分布在我国的辽宁、吉林、河北、河南、山东、新疆、福建等地，主要的矿山为金刚石矿、蛇纹石玉矿、橄榄石矿、独山玉矿、蓝宝石矿、软玉矿、寿山石矿等。如图1-6所示。

(a)　(b)　(c)　(d)

图1-6　矿山企业

（a）辽宁瓦房店金刚石矿；（b）山东蒙阴金刚石矿；

（c）河南南阳独山玉矿山；（d）河南南阳独山玉矿井

(2) 加工企业：主要从事珠宝的生产加工切磨等。该类企业处于珠宝行业价值链的第二环节，加工企业将矿山企业提供的珠宝原料进行切磨和加工，制作出可以镶嵌的半成品或者成品（如玉雕摆件等），宝石切磨的琢型由此环节决定，是珠宝行业重要的生产环节。这类企业经营成功的关键因素在于加工技术的优劣和企业运作成本的控制。目前这些企业多分布在矿区周围，以及加工业发达的省份。例如河南的南阳地区、广东的广州和揭阳地区、云南的瑞丽和腾冲地区等等。如图 1－7 所示。

(a)

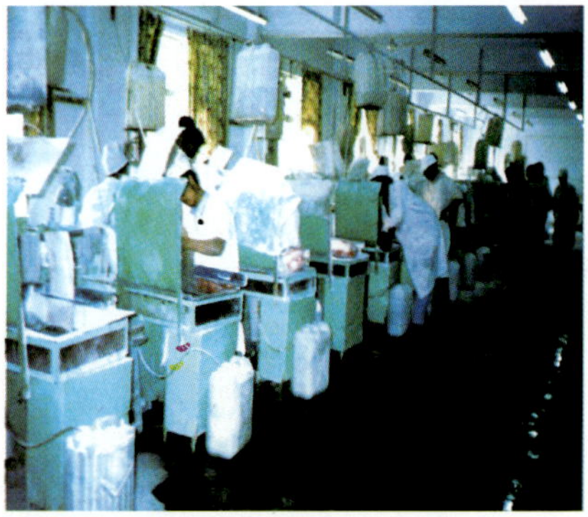

(b)

(c)

图 1－7　珠宝加工企业

(a) 河南的玉器加工企业；(b) 河南的玉器加工企业生产车间；(c) 山东的钻石加工企业

(3) 镶嵌企业：主要从事珠宝的镶嵌工作。该类企业处于珠宝行业价值链的第三环节，通过使用贵金属等材料将第二环节生产出的珠宝半成品镶嵌成为可以佩带的首饰成品，首饰的设计款式由此环节决定。这类企业经营成功的关键因素取决于款式设计水平、镶嵌技术的优劣和企业运作成本的控制。目前这些企业多分布在大中城市，特别是沿海城市如深圳、广州等地。如图 1－8 所示。

图 1－8　珠宝镶嵌企业生产车间

(4) 销售企业：主要从事珠宝首饰的销售与服务，有自己的专柜或专卖店，也可以有自己的镶嵌厂或者加工厂。该类企业处于珠宝行业价值链的第四环节，将第二以及第三环节的产品通过零售或者批发的形式销售出去，在这一环节中珠宝首饰的价格幅度增涨较大，利润实现程度比上文所述的生产环节通常要大。例如国内外众多的裸钻销售公司、珠宝首饰销售公司，等等。这类企业经营成功的关键因素取决于市场的占有率和经营成本的控制。目前这些企业几乎遍布全国各地，主要通过商场、专卖店销售，部分通过网络或者珠宝展销会进行贸易。如图 1－9 所示。

图 1－9　珠宝企业的专卖店

（5）信息服务企业：从事有关珠宝首饰检测、咨询、教学、广告宣传等信息服务。该类企业属于珠宝行业的服务型企业，在珠宝质量的把关、扩大珠宝知识的普及、有关珠宝行业信息的传递等方面做出了重要贡献，推动了珠宝行业的发展。例如中国地质大学（武汉）的学苑珠宝科技有限公司，从事有关珠宝知识教育、珠宝价格评估、珠宝科技的研发等工作。目前这一类企业主要集中在国内大型城市和珠宝产业发达的地区。

（6）综合企业：同时具有上述企业功能的综合性企业。该类企业不仅有自己的加工企业和镶嵌企业，甚至还有自己的矿山，并从事珠宝首饰的销售、珠宝科技的研发、珠宝从业人员的培训，等等。

第二节　珠宝企业的经营环境

企业生存于各种环境之中，并受环境影响。企业要对经营环境作系统的分析，并有针对性的作出恰当反应。珠宝企业所面临的环境分为两类：经济环境和非经济环境。

一、珠宝企业经营的非经济环境

1. 历史环境

主要是指珠宝企业的发展历史。许多国际著名珠宝企业都有比较悠久的历史，而这种历史不仅是一种技术的传递和提炼，也是一种文化的流传和推广，对于企业是一种宝贵的财富。我国的珠宝企业特别是玉雕企业，很多都传承了中国悠久的玉石历史和文化；而部分新成立的历史短暂的企业，也开始注重这一问题，常见的五年、十年成立庆典等活动，都是在对经营发展历史的回顾和保存。

2. 政治法律环境

主要指政府通过立法调控企业。珠宝企业的发展是在法律约束下进行的，良好的政治法律环境可以直接推动珠宝企业的发展，反之则束缚企业的发展。目前我国的政治体制不断改革，法律体系不断完善，为珠宝企业的未来发展提供了保障。

3. 社会文化环境

主要指社会生活习俗、道德准则等。社会的生活习惯可以直接影响人们对于珠宝首饰的看法和购买意愿。我国属于多民族、幅员辽阔的国家，区域间生活习俗互有不同，尊重当地习俗可以使珠宝企业提供合适的产品，扩大销售、增加利润。

4. 自然物质环境

主要指自然资源贫富。生产珠宝产品的原料在地球上原本就属于稀缺资源，而某种稀缺资源在一个地方的富集却为当地或者周边地区提供了发展的机遇。例如河南南阳产独山玉，使得南阳成为我国重要的玉器加工地；缅甸产翡翠，使得云南成为中国主要的翡翠集散地。

5. 科技环境

主要指科技水平。珠宝科技的进步，不仅直接降低了企业生产的成本和发展的瓶颈，扩大了企业的利润，还可以提升人们对珠宝首饰的需求量和消费水平。科技环境的优良对珠宝企业的发展会起到加速作用。

二、珠宝企业经营的经济环境

1. 宏观经济环境

(1) 经济景气指数：衡量经济发展好坏的主要指标。经济景气会促进珠宝的生产、销售和发展，有利于扩大消费者的消费能力和信心，这些因素都会直接或者间接地影响珠宝企业的经营和发展。

(2) 国民生产总值（GNP）与国内生产总值（GDP）：反映经济状况。GNP 或者 GDP 的连续增长会逐步提高消费者的收入，逐渐扩大了对奢侈品的需求，客观上会刺激珠宝行业的发展，反之亦然。

(3) 经济发展周期及失业率：影响经济的因素。经济发展周期对于珠宝行业的影响比较间接，经济增长期会促进珠宝业的发展，而经济萧条期则会限制行业的发展；失业则可以直接导致对珠宝首饰需求的下降，影响珠宝企业的生产。

2. 微观经济环境

企业关心宏观经济环境的同时，更应该注重微观经济环境。微观经济环境包括：市场的性质和变化、消费者需求的特点和变化，企业自身的成本、规模、所在地区特点等。

市场的性质包括市场的属性和特点，如在某地区的珠宝市场是类似于完全竞争型、垄断竞争型、寡头垄断型还是完全垄断型，不同的市场属性企业需要采取不同的应对措施；消费者需求变化也具有部分规律，如节假日或者换季的时候，一般项链的需求会增加，而在“五一”、“十一”前后由于结婚的人数量增多，戒指的需求会增加，等等。

对于珠宝企业来说，明确行业中市场类型的定位十分重要。

从目前国内一些大城市珠宝市场的特征来看，市场上众多企业生产销售的几乎是同类产品（宝石品种主要为钻石、红蓝宝石和翡翠，金属主要为黄金、铂金及K金），并且企业进出市场自由，无论镶嵌饰品款式如何翻新，众多款式并无专利保护，许多厂家饰品款式几乎相同，多在深圳、北京等地加工镶嵌。某厂家推出的镶嵌款式热卖，会有众多公司前来加工镶嵌，产品几乎无差异性。珠宝企业规模偏小，其任何一家企业的产量占市场供给量比重都非常小，故而不能控制价格，只能是价格的接受者。因此，目前国内大城市的珠宝行业处于一种近于完全竞争的市场环境中。这种状况越是在大城市或经济发达地区越是明显，而在国内偏远地区的市场可能因交通封闭，市场上仅有一两家珠宝企业，出现完全垄断或寡头垄断的情况。当企业明确所在市场的类型并定位准确后，可以帮助企业衡量所要采取的竞争手段。

近些年来，珠宝价格总体下落，企业利润率有所下降，有些企业因管理不善、经营成本高导致亏损，甚至倒闭或者被兼并收购。

任何环境，适者生存，珠宝企业也是如此。

思 考 题

1. 珠宝企业的含义是什么？它有何特征？你知道的珠宝企业有哪些？
2. 珠宝企业有哪些类型？它们有何功能或作用？

案 例 题

目前国内许多珠宝企业属于民营企业，家族化情况非常明显，虽然这些珠宝公司仅几十人，但是这些公司年销售额可达亿元，小规模却能创下大业绩。请问：

(1) 这些珠宝公司如何运营才能做到这些业绩？

(2) 民营中小企业或者家族式企业有哪些优点和缺点？

第二章　珠宝企业管理概论

不同的珠宝企业，由于其形成的背景不同，管理的水平和方式的差异等因素的影响，导致企业在市场上处于不同的竞争态势和经营效果。即使众多条件相似，仅经营方式的不同而产生的最终效果都会差异巨大。下面案例便阐述了经营方式的差异导致的不同结果，说明珠宝企业管理所产生的巨大作用。

案例：国内的麦当劳，无论其投资者是谁，使用麦当劳品牌除向麦当劳总公司交纳管理费和巨额押金外，还必须统一装修，统一在总公司进原料（如做薯条的马铃薯都必须进口）。这样的统一管理，保证了产品的质量和品牌的形象，非常成功。

纵观国内珠宝企业，无论投资者是法人或自然人，都可以通过加盟的方式取得某一品牌的使用权，而总公司对品牌的经营管理进货渠道缺乏监督，由此引发的质量问题会直接使公众对此品牌产生不良印象。

同样是使用他人品牌，不同的做法其结果却大相径庭。

第一节　珠宝企业管理的特性

随着生产力的发展出现社会分工，社会化大生产要求协作的结果便诞生了管理。管理使得生产更加有效和有序。随着技术的突飞猛进，社会分工日益精细，协作更显重要，管理在社会中的作用更加突出。珠宝企业同样是社会化大生产的组成单位，管理仍然处于举足轻重的地位。

一、珠宝企业管理的概念

管理是人类共同劳动的必然要求。西方国家把管理定义为借他人之力实现组织目标的活动，所以管理工作的中心，一是管理他人，二是协调他们的工作以达到他们预期的目标。因此，珠宝企业管理是为了实现珠宝企业预定目标而借助他人之力对企业开展的一系列职能活动。

其管理范畴为珠宝企业内的人、物、力，同样具有管理的二重性，即与生产力相联接的自然属性和与生产关系相联接的社会属性。

二、珠宝企业管理的特征

为了更好的理解珠宝企业管理的概念，需要充分了解珠宝企业管理的特征。

1. 珠宝企业管理是一门科学

现代企业管理建立在哲学、经济学、心理学、数学等基础之上，随之发展而发展。管理是一种理性思维，也是人的行为，这使管理活动带有感情色彩，这种掺杂感情色彩的管理会给企业带来风险，所以管理者必须学习企业管理理论，用科学的理论来充实自己，用理性思维代替感情用事，才能避开可能会给企业带来的经营风险。珠宝企业的管理同时还必须与宝石学和工艺学相结合，方能游刃有余。

2. 珠宝企业管理又是一门艺术

管理因人而异、因事而异，懂得企业管理理论不一定会管理企业，必须把管理理论的灵活性应用到企业活动之中，管理才有效。由于珠宝企业管理包括对人、对事以及对物进行合理配置、有效调度和处理，而人是有感性的，管理者也是有感性的，因此对于人的管理必须讲究艺术性，否则员工会产生不满和怠工。

管理是科学和艺术的有机结合。并且要认识珠宝企业发展的特殊规律，探索一套行之有效的管理艺术。

3. 珠宝企业管理需要借力

企业管理不是依赖管理者自身体能和个人的具体操作，而是采用一定的方式和方法借用部属的智慧或其他要素的能力去实现企业的目标。事必躬亲的管理者未必是优秀的企业家，而操作能手又未必善于管理。珠宝企业管理者要学会最大限度调动本企业人力、物力、财力以及社会公共关系来为企业的发展服务。

4. 珠宝企业管理广泛采用分权管理体制

珠宝企业自身的体制特点和发展规律决定了珠宝企业管理需要随着工作属性的不同有所分工，随着分工的进一步深入，分权管理越来越被大多数珠宝企业所采用。通常是在总经理的统一管理条件下，总经理更多的是将时间用在企业的战略规划和对外社会活动中，而将企业管理的具体工作分成若干部分，由下属副总经理分工协作进行管理，形成一个金字塔式的管理梯队，每个梯队对上层主管负责。分权管理是将一个复杂的工作分由不同的人完成，提高了工作效率，也极大地调动了员工的积极性，有利于企业的发展。

5. 珠宝企业管理重视人力资源的开发

人力资源是企业最大的财富，他们是知识和技术的载体，是企业管理创新、技术革新的主要承担者。企业管理者不应把员工看成是赚钱的工具，而应看作是有感情、有需要、有观点和人格的社会人，企业管理者应该尊重员工的人格、满足员工内在需求来激发员工的工作积极性，真正使人力资本成为给企业带来效益和财富的生力军，因为只有人才是社会财富的最终创造者。因此，珠宝企业管理普遍注重智力资源的开发，注重技术人才和管理人才的选拔和培养，并普遍把这项工作作为企业管理的战略任务来抓。

6. 珠宝企业管理注重运用现代管理手段

目前的市场经济既是信息经济又是技术经济，珠宝企业管理在注重技术开发的同时，注重使用现代化管理手段，提高办事能力和效率。广泛运用办公自动化、网络管理和销售等现代管理手段，例如许多珠宝公司利用网站进行销售以及电子商务等，许多珠宝检测部门利用网络为消费者提供珠宝检测结果查询等服务。这些现代化管理手段的应用适应了企业发展的需要，同时也使管理水平得以提升。

三、珠宝企业管理的职能

珠宝企业管理的职能通常表现如下。

1. 决策

决策是指珠宝企业对经营目标及实施方案的选择和决定。决策是企业经营的核心，是企业成功的关键。在不同的时期，企业都要进行相关的决策，比如，在宝石的销售种类、首饰的款式上，就时常进行着分析和决策，“五一”、“国庆”时采用戒指为主要销售产品，而在春天则以项链销售为主。

2. 计划

计划是指根据决策对珠宝的生产、销售等经营活动的统筹安排与具体安排。企业的目标要经过企业各个部门、全体员工的共同努力来完成，这就要通过计划把企业目标落实到各部门，乃至每个岗位、每个职工，使他们都有明确的奋斗目标。通过计划把企业各单位各部门的工作更好的协调起来，使其相互协调、紧密配合，建立正常的生产经营秩序。珠宝企业部门之间通常需要紧密合作，合理分工，比如决策好生产一定数量的首饰，相应的贵金属采购部门要及时储备物资，而制作和设计部门要按照计划筹备和完成相应数量的款式，最终销售部门才有可能有相应数量的产品进行销售。

3. 组织

组织是指计划制定后，动员企业人、物、力等，将各部门组织起来，既分工又统一。有效地组织企业的所有资源，不仅提高了工作效率，同时也节省了不必要的浪费。比如计划部门筹集了可以用于生产的一定数量物资，但生产部门由于组织不到位而缺乏劳动力，这势必使生产受阻。

4. 协调

协调是指协调各部门间、企业与外部环境之间的关系。包括对内协调和对外协调。对内协调是企业内部进行的协调，包括职能部门、管理人员上下级之间的纵向协调和企业部门之间的横向协调。比如珠宝公司对下属分公司进行的纵向协调和珠宝公司不同销售网点之间货品调度的横向协调。对外协调是企业与外部环境之间的协调，包括与政府（如工商局、技术监督局等）、金融机构、竞争对手、供应商、零售商、消费者等之间的协调。

5. 指挥

指挥是为了实现企业预定的目标，完成计划，建立权威指挥经营系统，对下属统一领导。这是社会化大生产的客观要求。珠宝企业不同部门之间分工不同，如果各自为政，行动不服从统一指挥，势必不能使企业各部门形成一股合力，降低了企业的效率。

6. 控制

为了实现企业预定的目标，完成计划，把已经建立的业绩同计划相比较，找出偏差，分析原因，找出有效措施进行纠正。控制和计划紧密联系，控制是完成计划的保证，计划是完成控制的前提。没有计划的管理是无序的管理，没有控制的管理是无效的管理。珠宝企业经常会对销售人员进行业绩评估，目的就是进行控制，看是否完成企业计划的销售指标。对超额完成计划的进行奖励，对未完成计划的进行督促、整改或处罚。

7. 激励

激励是激发员工的内在潜能和动力，使之努力工作，实现企业目标的过程。包括物质（如工资、奖金、福利等）和精神鼓励（如表彰、提升等）。激励是人力资源管理的核心，合理的激励是企业完成既定目标的有利保证。

第二节　珠宝企业管理的思维方式

通常有什么样的思维就会有什么样的行动，健康、合理的思维方式是企业管理的关键，是管理的本质。只有学习了企业管理的思维方式，才能举一反三，灵活运用。否则，企业管理只能是走形式，生搬硬套。

企业管理创新首先是观念的创新，管理观念会受到一定的政治制度、经济体制、社会环境等因素的影响，这些因素的不断变化要求管理观念的不断变化，在市场经济体制下，珠宝企业管理必须具备正确的观念。

一、珠宝企业管理应具备的观念

人的观念会潜移默化地影响人的各种行为，包括管理行为。因此，为了有效的进行珠宝企业管理，使其能长期稳定的发展，作为珠宝企业合格的管理者应该具备如下观念。

1. 法制观念——珠宝企业发展的保障

市场经济是法制经济，因此在市场经济条件下，珠宝企业自主经营、自负盈亏，是市场竞争的主体，政府对于企业的管理并不是直接通过行政干预，而是通过市场，采用各种经济法律、法规，如《产品质量法》、《计量法》、《消费者权益保护法》以及《珠宝玉石国家标准》等，对企业进行指导和进行间接管理，维护各主体的利益。企业自主经营必须以合法经营为前提，违法经营的后果不仅侵害了国家利益、社会利益和他人利益，而且会把自己推上被告席，甚至是破产的边缘。珠宝企业要想在市场经济中长期生存和发展下去，必须依法经营，按章纳税，遵纪守法，宣传普及珠宝知识和文化，引导消费，积极维护社会利益和消费者权益，把自身的发展同社会的进步联系在一起。

2. 市场观念——珠宝企业运行的导航线

珠宝市场是珠宝产品交换的场所，同时也是组织有序的珠宝商品交换的基本机制，是珠宝企业获得利润而实现再生产的决定性条件，是消费者获得理想装饰品的场所。因此市场反映了两个方面，即消费者的特定需求和生产企业的供给。消费者通过市场了解企业所提供的产品或服务，而生产企业则通过市场，得知消费者需要什么产品或服务，需要多少，市场能集中反映产品的供需情况，是经济变化的晴雨表。在市场经济条件下，珠宝企业必须以市场为导向，企业的一切生产行为必须围绕市场进行，根据市场的供需情况组织生产。市场观念要求企业必须认识市场，认真调查和研究市场，挖掘市场潜力，洞察市场商机和趋势。市场的主体是用户，企业必须牢固树立为用户服务的观念，了解用户的需求，千方百计地满足用户的需求。只有找到了市场，找到了用户，并及时地为市场、用户提供适销对路的产品，企业才能生存和发展。并且人们的喜好是变化的，市场需求的珠宝产品种类和款式也是随时变化的，切实做到及时进行市场调查分析，是企业立于不败之地的法宝。

3. 竞争观念——珠宝企业长期立足之本

市场中存在不同的珠宝企业，企业各自运营成本和管理模式不同，但是在同一市场中生存，彼此间必然存在竞争，因此市场经济本身就是竞争经济。市场经济给企业提供了竞争的平台，随着市场经济的发展，企业间的竞争更加激烈。而竞争遵循自然竞争的法则，即优胜劣汰。任何企业，包括目前处于完全垄断地位的企业，都必须树立竞争观念，清醒地看清形势，提高自身素质，增强竞争能力，才能击溃潜在的竞争对手，在无情的竞争中处于不败之地。我们主张公平竞争，反对“挖墙角式”或“破坏式”的不正当竞争，例如：恶意降价，并且以低于成本价格进行倾销行为。企业需要居安思危，坚持不懈地提高企业素质，不断进行产品创新和管理创新，落实科学发展观，增强企业实力，降低成本，切实提高竞争能力。

4. 信誉观念——珠宝企业需要加强

珠宝产品一般价值较高，消费者在购买过程中进行选择时就更加审慎，通常他们会偏爱企业信誉好的珠宝品牌，这为企业带来收益。企业信誉是企业在市场上的威信和影响，在消费者心目中的形象、地位和知名度。良好的企业信誉和企业形象是企业的无价之宝，它有利于企业筹集资金，有利于寻找协作者，有利于树立“消费信心”，有利于吸收、稳定企业人才，有利于协调各方面的关系，有利于企业新产品的开发，总之，良好的企业信誉和企业形象为企业长期存在和稳定发展创造了非常有利的条件。但是树立良好的企业形象并非一日之功，它依赖于企业不懈的努力，长期为用户提供优质的产品和服务，与客户公众建立长期的信赖与合作的关系，和公众进行双向沟通，取得公众的理解和信任，巩固和发展同公众的良好关系。信誉观念不仅包括企业对消费者具有良好信誉，同时企业内部领导以及员工之间的信誉问题也是企业需要树立和维护的，企业领导与员工间良好的信誉，是企业发展的助动力。因为珠宝产品价格高，却体积小，容易携带，许多珠宝企业对于业务人员选拔时非常注意人员的信誉或者人品，避免出现携带货品私逃现象发生，使企业蒙受损失。

5. 创新观念——创新品种和款式是企业发展的动力

在现代技术高度发达的社会中，随着技术的不断进步，经济的高度发展，市场和环境的不断变化，企业正面临着知识经济时代的挑战，企业利润来自创新，不仅包括科技创新还有管理创新和市场创新，没有创新就没有效益，企业就无法生存和发展。企业要不断进取，勇于创新，走在时代的前沿，迎接各种挑战，才有生存和发展的空间。

管理创新主要是使用现代管理的手段（包括现代设备和办公自动化等），完成管理制度、管理观念、管理方法与管理组织的同步创新。例如许多珠宝公司在销售管理中使用目前市场上开发的“珠宝销售管理软件”（包括中国地质大学（武汉）珠宝学院也开发了这样的软件），这样为企业进行珠宝销售的各个环节的管理实现了速度和质量的飞跃，还可以利用软件进行市场预测，为引导企业珠宝首饰销售指明了方向。

科技创新主要包括企业老产品更新、新产品开发、新工艺采用和新材料的利用，它是企业获取利润的主要手段。对于珠宝企业主要是新型宝石材料的研发和使用，新型宝石加工工艺的研制和首饰设计的开发等。例如不同类型和纯度的贵金属的利用，新型钻石切磨方法和款式的开发等。

市场创新主要是指开辟和创立新兴市场，产生和引导需求。主要包括创造购买力；积极主动促销，增强消费者的购买欲望；为消费者创造尽可能完善的消费条件，增强消费者的购买意愿；扩大市场占有率等。珠宝市场创新对于珠宝企业来说尤为重要，正是因为珠宝产品的特性，即对消费者收入反应敏感，所以在这方面进行创新是企业延展生存空间的必由之路。

6. 效益观念——珠宝企业发展的核心

效益是企业生存发展的需要，是企业资产保值增值的要求，是社会发展的要求。珠宝企业作为自主经营、自负盈亏、自我约束、自我发展的经济实体，首先必须以效益为中心，以尽可能少的投入或资金占用，生产销售尽可能多的符合消费者需要的珠宝首饰商品或服务。企业的一切行为应该从效益出发，既要考虑投入，又要考虑产出，还要考虑市场的需要；既要考虑短期利润，又要考虑长期效益，还要兼顾社会责任。俗话说"三流企业争效益，二流企业创品牌，一流企业定规则"，目前国内众多珠宝企业还在发展阶段，需要花费极大力气获得效益，没有效益企业就不能顺利再生产，员工的工资也无从谈起，企业的利润也无法实现。对于经营好的珠宝企业开始为树立和宣扬品牌在努力，可惜的是我国虽在世界500强企业中已经有9家，但是在世界100个著名品牌中却一个也没有，更不要说珠宝企业，所以在这方面需要做的工作很多，需要走的路也比较长，需要珠宝企业管理者放眼世界的同时，先抓效益，再树品牌。

7. 人才观念——人才是最宝贵的财富

现代企业竞争与其说是技术的竞争，不如直接说是人才的竞争，人才是技术的载体，是企业的宝贵财富。俗话说"千军易得，一将难寻"，企业必须树立人才观念，尊重知识，尊重人才，为人才的培养和使用创造条件，使企业的人才充分发挥才能。而有些企业拥有人才，却不会使用人才或使用不到位，这是极大的资源浪费，所以珍惜和爱护人才是每个企业应尽的责任。珠宝行业需要珠宝鉴定的人才、首饰设计的人才、价格评估的人才，这些人才的有效培养和使用是珠宝行业必须完成的使命。

8. 信息观念——全面的信息就是金钱

当今时代是信息的时代，珠宝企业必须重视信息对企业的重要影响，及时、准确、全面收集信息、科学加工处理信息，并充分开发信息资源，这是企业紧跟时代步伐、把握市场动向、不失时机地抓住商机、进行科学决策的要求。由于信息的不对称性，不同企业获得信息的能力、数量、准确率等各有不同，提高信息的准确性和时效性，是企业获胜的法宝，是企业获得财富的途径。信息的来源很多，可以通过报刊、电视、网络、其他特殊渠道等进行收集。例如珠宝公司可以通过营业员获得消费者对于款式的需求状况，而学校可以通过企业获得人才的需求类型和状况等。企业的管理者要树立信息观念，带头收集、处理各种信息，并注重信息资源的开发和利用。

9. 质量观念——质量是珠宝企业的生命

质量是珠宝企业品牌的保障，它直接关系到珠宝企业的长期生存和稳定发展，是企业创立名牌、保住名牌的前提，产品质量不过关，产品就难以取得消费者的信赖，即使创出了品牌，也难以维持，只能昙花一现，只有可靠的质量，才能保证企业和产品的形象。正如许多消费者愿意购买周大福等著名珠宝品牌的产品，他们更加看中的是名牌有保障。

质量是珠宝企业开展竞争的武器，提高质量对企业开拓市场、扩大市场份额起着决定性作用。市场竞争不仅是企业科技和经济实力的竞争，更是市场中消费者心目中印象的竞争，即便经济实力和技术实力处于劣势，但如果质量可靠，仍然可以立于不败之地。珠宝首饰的质量问题不如食品、药品、电器等表现的那么明显，主要有以次充好、以假乱真、镶宝石首饰断裂或掉石等，因此在这些方面注意把关，可以全面提高产品质量，扩大竞争优势。

质量是珠宝企业效益的源泉，产品质量好坏决定消费者对于产品持续购买的概率，决定了产品未来销售收益率。产品质量好意味着产品废品率低，降低了企业的成本，提高了企业的效益；同时产品质量好坏还影响着销售成本和售后服务的成本，产品质量好，售后服务成本降低，效益进一步提高。

珠宝企业必须树立质量观念，首先要提高全体员工的质量意识，使他们认识到质量对企业的重要性；其次，要建立科学的质量责任制，定期对员工进行质量技术教育。

10. 时效观念——确保珠宝企业切实把握商机

市场给珠宝企业带来商机，是企业发展的机遇。企业必须及时抓住机会，才能战胜对手，求得发展，否则很可能在竞争中败下阵来，所谓“机不可失，失不再来”。企业树立时效观念，就是要适时跟踪市场，预期市场动向，及时、准确地预测商机，提高办事效率，及时把商机变为企业效益，使企业发展上一个新台阶。“机会并不是偏爱每一个人，它总是属于有准备的人”，对于企业亦是如此。

11. 时尚观念——为珠宝企业导航

珠宝首饰在追求名贵的同时，也必须时尚。时尚观念不仅会给企业带来效益，更为企业创造机会，实现发展。时尚的珠宝首饰容易集中消费者的目光，增加了销售的机会，为企业获得利润的同时，企业要通过自己的产品来引导珠宝消费，进一步扩大消费的品种和首饰类型。目前国内珠宝产品主要限于贵金属首饰和钻石，以及少量红、蓝宝石、翡翠和珍珠等，对于其他宝石的消费极其有限，在珠宝首饰款式设计上也比较保守，跟风现象相对严重，制约了珠宝企业的发展，所以珠宝企业管理者应该具备时尚观念，引领消费。

二、珠宝企业管理应掌握的原则

珠宝企业管理人员在具备上述观念的基础上，在工作中下述基本原则需要遵守，这样才有利于企业管理和企业发展。

1. 效用最大化原则

效用最大化原则是指企业运作产生最大效用，即生产和提供的产品能产生最大最多的用途，满足消费者最大需求。对于珠宝首饰生产和销售企业来说，所提供的珠宝产品要不仅能为消费者带来装饰的效用，同时还有纪念的作用、显示身份的作用、美容保健的作用、保值作用甚至还有心理慰藉作用（人们认为有些珠宝玉石能够具有辟邪保平安的作用）等，如果企业提供的珠宝产品具备多种效用，即效用最大化，则为企业带来的商业机会将势必扩大，为企业的盈利和发展留下充足的空间。

2. 效益最优原则

效益最大未必最优，短期效益最优不等于长期最优。追求最优效益，必然会要求资源的最佳分配，即最低成本。珠宝企业在追求效益最优的同时，也需要将企业各项成本降到最低。在实际工作中实际上就是指企业管理者经常做的开源节流工作，既要广泛获得资源并尽可能作到配置最合理，同时还要节约每一分应该节约的钱。

3. 创新原则

产品和管理两方面的创新是企业发展的原动力。而珠宝首饰的一个非常重要的特征就是时尚（或者说新潮），这一方面要求珠宝加工、镶嵌企业时刻注意开发能代表时代特征的新款首饰，另一方面要求企业技术创新来支撑这种领先、要求管理创新来确保这种领先。创新原则是珠宝企业获得优势竞争力的法宝，珠宝企业管理者应时刻注意。

4. 动力原则

调整企业人、物、力分配，创造最佳工作环境，激励员工内能，为企业发展带来最大动力。简单说，就是珠宝企业管理者应该充分调动一切积极因素，为企业的发展获得最大的推动力，这些力量的核心对于珠宝企业来说是财力和人力。

5. 协调和谐原则

协调和谐原则指珠宝企业整个机构要协调。珠宝企业由于分工的不同会有不同的部门，各部门间既分工又协作，是一个有机的整体，部门的多少要按照企业生产需要而设立，部门的职责也要根据分工来确定，但是它们之间要比例和谐，工作畅通，才能使企业运作走上正轨。例如生产部门进行扩大生产，但是生产资料采购部门不能及时供货，销售部门也不能及时销货，这要么产生产品不足，要么形成库存积压，对于企业发展十分不利。有些珠宝首饰生产企业可以实现零库存，但是对于一些珠宝首饰销售公司却不可能这样做，柜台上销售完一件首饰，都需要及时补仓，因为珠宝柜台上产生空位既不雅观又会使消费者认为企业没有实力。所以协调的原则不同的企业类型也各不相同，一定要具体情况具体对待。

6. 反馈原则

珠宝企业管理者要重视员工对企业管理各方面的反馈意见。管理者制定的企业政策最终还是要靠广大员工去完成，他们既是政策的执行者又是政策好坏的直接体会者，员工反馈的意见和建议有利于管理者调整和完善政策，使政策最终促进企业发展；与此同时，企业管理者还可以根据员工反馈的信息预测和捕捉商业机会，这是优秀企业家经常愿意做的工作，切不可将两耳关闭起来“误国误民”。

7. 弹性原则

要求企业管理者决策、计划、说话谈判时，既要灵活又要留有余地。企业管理者说话办事往往代表企业形象，在做事和说话上注意留有余地，保持弹性原则，为将来处理分歧、解决问题留下空间。

8. 78＋22 原则

这是一种参考比例，它能告诉珠宝企业管理者和即将成为珠宝企业职业经理人的未来者们这样一个事实：世界上占 22％的富人拥有 78％的财富；而占 78％的普通人仅占有 22％的财富（这个世界是少数人拥有了世界上多数的财富——法国经济学家的研究结果）。而珠宝行业面对的是 22％的人手中的 78％的财富，因此，是一个充满机会的行业。以色列人深知这一道理，在世界上成为做珠宝生意最成功的民族。

实际上，这一法则在自然界也存在，例如人体中水占 78％，其他成分占 22％；空气中氮气占 78％，其他气体占 22％；一个正方形最大内切圆占整个正方形的78%，其余部分占正方形的22%等。

9.“借”的原则

做生意可以没有钱，但一定要有头脑。许多初期做生意的人都不是资金丰富，但是他们借助别人的资源实现了企业的发展和个人事业的辉煌。例如：希尔顿饭店是世界上著名的五星级酒店，它的创始人刚大学毕业时也没有钱，但是他立志每月将工资的大部分拿出来（1 000 美元）去储蓄，这样经过几年的积攒他有了 5 万美元。他发现在一个十字路口如果开一家酒店一定会赚钱，可是开一家酒店的建设费用要上千万美元，他不可能通过自己这样的储蓄来实现，他选择了一家银行来为他投资，也就是去“借”。他将自己的计划跟这家银行的老板谈完后，老板说过几天答复他。老板调查了他的情况，发现他 5 年来风雨不误准时来银行存 1 000 美元，老板认为这个小伙子有恒心，答应了他的请求，才有今天希尔顿饭店。从这个例子不难看出，一个人想成就一番事业可以学会“借用”，但是这个“借”要“会借和能借”。

通常一个人可以借助的资源有：

- 可借助的资源
  - 物（包括金钱）
  - 人际关系
  - 历史背景
  - 机遇
  - 头脑
    - 知识
    - 信息
    - 经验
    - 智慧

许多学员试图开办珠宝公司或是珠宝专卖店，由于资金等问题而没有实现，他们可以试用“借”的原则来实现各自的想法。一位台湾著名主持人，开始做生意到处借钱，后来成功后还专门写了一本书来介绍自己如何借钱的经验。

在这些方面，中国地质大学（武汉）珠宝学院就是一个成功的范例，它开创了中国宝石教育的先河，开始就与国际接轨，借助国际资源实现了国内宝石学教育“零”的突破，便是很好利用了“借”的原则。另外，中国请国外的专家，例如前苏联以及如今在华的各国专家，都是在借助国外的智力、知识优势来为中国的经济发展服务。同样，美国硅谷又有多少华裔在奉献自己的青春和智慧。

10. 不仅在销货中赚钱，还要在进货中赚钱

人们习惯于将产品销售后获得利润，实际上，有些人在进货时就已经赚回

成本，虽然这种机会不多，但却是要时刻提醒自己的原则。以色列人认为“真正做生意，不是把你有的东西卖给想要它的人，而是把你没有的东西卖给不想要它的人。”这些原则不仅为企业获得更多的商业机会，更为企业实现了更大的利润。

三、珠宝企业管理应注意的问题

美国著名企业家杰克·韦尔奇（前美国通用总裁）说：“公司的发展，更多的时候体现在对自身内部问题的发现和认识上忽略过一点，就犹如一个病人，只知道看医生，而平时不注意自己的行为习性的陋习。”这说明，公司发展必须以反观自己为开始，给公司做全面会诊，把可能出现的问题都消除了，才能让公司成为一个真正的“健康者”。

目前，在国外非常流行“反观公司管理”的经营概念，就是要以先走一步的方法全面检查“公司问题”，而且成为管理者必须掌握的一门经营课，无疑，国内珠宝企业管理者也应当如此。围绕“反观公司管理”，根据国内管理者最容易出现的误区，提出了“管理十戒”。

1. 管理弱项

管理水平的高低，可以直接导致公司成败。一切有远见的经营者，都是从人事管理入手，全面提高企业所有管理者的素质，用最大的可能消除公司的不足。在人才选拔上一定要公开竞争，不能任人唯亲，搞裙带关系。同时，对于被提拔的人员功过是非，提拔者应负连带责任。

2. 决策失误

决策不仅是风险游戏，更重要的是保险方案。最聪明的公司管理者，在决策方面都是深谋远虑的大师级人物。特别是一些珠宝销售旺季，产品定位准确与否，是决策者的重要考验，一定要实事求是地分析市场，科学决策。

3. 人力失控

人力失控，等于从公司内部抽走了最具活力的因素。管理是用人、管人等相结合的一门学问，如果谁忽略它，谁就会在市场上失去竞争力。人力失控主要来源于管理中激励不当，而管理者个人的作风，也会影响员工工作热情。目前国内许多部门家长作风严重，特别是珠宝企业，许多属于私营性质，这一现象尤为突出。因此，良好的工作作风和合适的激励方法可以激活员工的敬业之心。

4. 人浮于事

一个公司人心涣散，就必然会导致人浮于事。这是公司管理最为迫在眉睫的要事，万不能轻视。一些珠宝企业管理者没有凝聚力，是导致人浮于事的重要原因，而要解决这一问题，管理者首先要从我做起，树立威望和信心，让员工看到努力工作会有什么样的结果和希望，创建合理的激励和约束机制，实现企业长效的发展。

5. 散沙状态

公司失去凝聚力，就必然会出现一盘散沙的状态。作为管理者，应当在此方面用有效手段立即加以调控，特别是定期举行一些评比、奖励和联谊活动，让员工说出各自的心里话，可以把自己的员工变成一个战斗力极强的团队。

6. 投机取巧

一个公司要在市场上长久生存下去，绝不能做投机取巧的事，而是要以把好质量关为第一。加大公司的可信度，唯其如此，才能带来长久利润。作为名贵的珠宝首饰，其质量的好坏对于消费者带来的心理影响比普通商品要大，由此而引发的争议也会比较严重，在媒体、质检部门的关注下更会给企业带来深远的影响，珠宝企业应本着对自己和对消费者负责的态度来严抓质量问题。

7. 单一营销

套路单一的营销，只能把公司引入绝境。任何营销都是灵活多变的智慧组合，各种精妙手法的发挥。灵活运用多种营销手段，促进珠宝销售量的增加是众多企业努力的目标，但是要针对产品的适合对象，采取合理的方法，不同消费对象采用不同的促销手段，来达到真正的目的。

8. 财务不细

理财是公司的一件绝不可忽视的事，因为许多案例已证明，这方面的漏洞，将直接毁掉一个公司的根基。合理并灵活运用每一分钱，是管理者智慧和经验的体现。一些珠宝企业在拥有富余的资金时，适时囤储大量黄金，在黄金上涨之季实现资本增值，并为企业储备了丰厚的原料。

9. 无品牌化

做公司，就是做品牌，没有品牌的公司一定是做小本买卖，无法成为强有力的竞争者。品牌从何而来？从对产品的完美化中得来。然而目前国内许多珠宝企业不愿意花力气在品牌推广上，使得部分香港的珠宝品牌知名度远高于内地企业，这无法使企业做大做强。决定品牌的另一重要因素便是产品优劣，企业在推广品牌之前，首先要在产品上下功夫，生产出符合企业形象的产品来。

10. 有内无外

做生意，必须要学会经营关系，否则你就会感到束手无策，难以做大自己的公司。关键在哪里？就在自己铺设“桥梁”的智慧中。许多老外都知道在中国“关系”很重要，做企业得拉关系。珠宝企业也不能独善其身，处理好企业与企业、企业与政府之间的关系决定了发展的成败。

任何一名珠宝管理者都不能对上面十戒视而不见，视而不见的结果就是对自己的公司缺乏应有的责任感，也不是一个合格的经营者。希望珠宝企业的管理者，能够很好的吸收上述经验，避免犯同样的错误，把自己的公司引入到强者竞争的行列之中去。

第三节　珠宝企业理念和企业文化

珠宝企业同其他企业一样，在成长中逐渐形成自己的理念和文化，反过来，企业理念和文化又突出了它们不同的个性，促进了企业的发展。

一、企业理念

企业理念是指企业的经营方向、经营思想、经营道德、经营风格。它是企业的灵魂，是企业整体运行的依据。

（一）企业理念及其形成

理念的形成不是只靠企业经理的主观臆断，而是要根据企业对所处环境和竞争对手的情况以及企业自身的特点充分了解的基础上，经过反复斟酌才形成的。

1. 企业理念形成的外部条件

首先，对企业所处的环境进行了解，这些了解包括以下几方面。

（1）社会公众对企业的印象如何？

（2）与其他企业比较，本企业最重要的特点是什么？

（3）社会公众舆论对企业的评价，哪些地方高？哪些地方低？根据是什么？

（4）与本企业保持联系的其他企业，对本企业有何看法？最希望本企业能提供何种服务？

（5）目前企业竞争的情况如何？有何竞争对手？其特点是什么？

（6）社会公众对各竞争对手的评价如何？

（7）本企业领导对企业的未来发展有何规划？根据是什么？

（8）企业领导对员工有何要求？要培养一支有何种素质的员工队伍？

其次，再了解处于这一环境中的企业所具有的特点。

（1）企业能提供何种产品？有何特点？

（2）企业提供什么样的服务？是什么等级的？

（3）企业目前的现状（包括设施的完好程序，员工素质高低）如何？和其他企业比较有何优势或劣势?

(4) 企业以往的发展历史,曾有过何种成功或失败?

(5) 企业在未来还准备开发何种产品?提供何种服务?

(6) 企业的领导班子成员的素质如何?有否进一步开拓的信心和决心?有何种程度的认识水平?

以上这些方面的调查十分重要,它是确立企业理念的重要条件。一切结论都应产生在调查之后,并把调查的结论加以整理归纳。开展调查虽然十分麻烦,但是完整而客观的事先调查,是确立企业理念的有力保证。

2. 企业理念形成的内部条件

形成企业理念的内部条件主要是强调企业理念的形成要充分体现出企业的独特个性。企业独特个性表现在两个方面:

第一,企业定位。企业定位是指企业在变化中找出其自身不变的原理——独特而统一的特性,这样才能形成企业独特的理念,最终传达出独特的、统一化的企业整体形象。

第二,表现企业的本质。确定企业定位和表现企业本质时,包含着深奥的智慧和思想,它不仅决定了企业的理念,而且也决定了企业的形象。

3. 企业理念的来源

企业的理念不是从天上掉下来的,也不是企业领导凭空臆造出来的,而是对企业长期经营发展过程中不断总结、提炼并积极吸收外部先进因素的结果。它来自于实践,并不等于企业理念和实践活动处在同一水平,而是要有所升华,有所超越。没有超越的理念是僵死的东西。

企业理念的来源主要有民族文化、社会文化、外来文化、企业传统四个方面,这些精神积累中的积极因素虽说不是企业现实的直接实践所得,但却是前人或他人亲身实践的结果,是值得借鉴的间接经验。加之珠宝首饰本身就是文化和艺术的载体,新的理念可以从中获得继承和发展创新。

(二) 企业理念设计的原则和要素

企业理念是企业赖以生存的原动力,是企业价值的集中体现。

1. 企业理念设计的原则

(1) 个性化原则

所谓个性化原则是指理念设计应有自己的独特风格,能鲜明地把本企业与其他企业的理念区别开来。

缺乏个性是目前理念设计的通病。“团结、奋进、求实、创新”几乎到处都是。仅仅从这一理念的确定,就可以看出这种理念实际是空口号,在理念里赫然写着创新二字,可理念设定本身就缺乏创新,既然强调创新,又为何要抄别人的现成理念？

但是有些珠宝公司的理念设计却能真实反映出企业自身的经营规则和信条，收到良好的社会效果。

例如：深圳帝爵珠宝公司的理念“顶尖品质，一流服务”，非常明确的表达了企业经营的信条。

消费心理学告诉我们，女性消费者喜欢购买和佩带能显示她们特点的饰物，珠宝首饰真正能满足这一需求，同样生产珠宝首饰的企业也应具备与众不同的个性化，才能显示这种生产能力和竞争能力。

（2）民族化原则

所谓民族化原则是指企业理念的设定应根据自身的民族特点来考虑。

日本企业的理念设计十分注意贯彻“和谐”这一民族特征，所以日本佳友生命公司1983年调查日本全国3 600家公司，其中以“和谐”为企业基本理念的有548家，占15.2%。

美国企业在企业理念设定时，十分注意贯彻美国民族的特点，强调个性。据调查，在美国的企业里几乎有1/3明确强调要让每个员工充分展示出自己的个性，让每一个员工的潜力得到最大发挥。

中国有中国的民族性，所以理念设定时应充分考虑，如果理念设定与民族性相背离，就难以发挥社会的基本功能。

（3）概括化原则

概括化原则是指企业理念的设计应该简洁概括，既便于企业内部的掌握，也便于向企业外部传达。

例如：IBM的企业理念概括为“科学，进取，卓越”，显得非常简洁、明了。

2. 企业理念设计的要素

（1）经营方向

经营方向是指企业的事业领域（业务范围）和企业的经营方针。企业事业领域即表明企业在哪一个或哪几个行业、领域为社会提供服务；经营方针即是企业经营战略目标及其路线。

（2）经营思想

经营思想是企业生产经营活动的指导思想和基本原则，是企业领导者的世界观和方法论在企业经营活动中的运用和体现。

经营思想的形成非一日之功，它是企业长期经营实践之后形成的精华，这正是企业成功之所在，也是企业要永远坚持和维护的传家宝。

（3）经营道德

企业的经营道德是人们在经营活动中应该遵循的，靠社会舆论、传统习惯和内心信念来维系的行业规范的总和。企业经营道德以“自愿、公平、诚实、信用”为基本准则。

(4) 经营作风

经营作风是企业的行为方式和存在方式。

(5) 经营风格

企业的经营风格是企业精神和企业价值观的体现。企业精神包括员工对本企业特征、地位、风气的理解和认同；由企业优良传统、时代精神和企业个性融汇的共同信念；员工对本企业未来发展的理想和希望。企业价值观是全体员工对其行为意义的认识体系和所推崇的行为目标的认同和取舍。

为企业设计最恰当、最适合的理念是非常必要的。理念是企业发展的旗帜和号角，永远指引和鼓舞企业前进、发展。当然企业理念不能无所依傍地发挥作用，它必须向企业视觉和行为系统渗透，通过三者有机的结合来发挥各自的作用和整体作用。

二、企业文化

企业文化是一个企业所特有的文化气氛和情调，也是企业立身于社会所必需的精神支柱。它不仅能够解释企业内部的运行情况，把抽象的企业价值观念表现出来并感染人们，从而加强企业员工的价值观念，强化企业管理，更为重要的是它还能向企业的管理者指出企业中最重要的问题，从而帮助企业管理者改善信息沟通、人际关系和决策等问题，在企业创造出一种新的氛围，以适应竞争日趋剧烈的企业环境。

(一) 企业文化的作用

1. 企业经营管理需要企业文化支持和导向

企业文化包含的企业价值观和经营目标记录了企业在过去成功与失败的经验，以及企业决策者为企业制定的发展前景。企业的经营管理需要企业文化的支持和导向，具体功能体现在以下两方面。

(1) 超前引导

企业对人才的培养内容不仅包括科学技术知识，而且还包括企业文化精神的内容。通过这种企业精神的培训，使企业精神在员工心中形成共识，引导员工齐心协力，为实现企业的共同远景做出贡献。

(2) 对员工行为的跟踪引导

企业文化管理模式主张把代表企业精神的企业价值观变为具体的依据和准绳，使员工能够随时参照，并依此控制自我，使自己在企业的生产经营活动中不致脱离企业的战略目标。

2. 增强企业员工的向心凝聚力

当个人价值观与企业价值观融为一体时，企业成员才会感到自己不仅是在为企业工作，也是在为自己工作。员工与企业的和谐一致，能够激发起员工强烈的归属感和自豪感，使员工感觉到企业目标的实现也意味着个人利益需求的实现，这样就能最大限度地激励员工，为实现企业的崇高目标而勤奋工作、积极进取。

3. 对企业员工的规范与约束

在具有强烈文化气氛的企业中，企业价值观引导和约束人们的行为，使之符合企业整体的价值标准。在企业文化的引导与约束下，员工能自觉意识到应该做什么事、应该提倡什么，从而对产品和服务的质量精益求精，对客户和消费者高度负责，为企业创造美誉度和知名度。

4. 协调企业与社会的关系

企业作为社会有机体中的细胞，它的生存与发展一方面依赖社会向它提供必要的生存空间，另一方面企业也要承担起它对社会应负的责任。企业文化中崇高社会目标的规定、企业文化网络的建立等为企业如何协调与社会的关系提供了有利的前提。

可以想象，人们在一种先进的企业文化氛围中工作，会充满自豪感和主人翁精神，会忘我地、创造性地工作，并井然有序、高效精确，人际关系融洽，减少内耗与效率损失，还能取得政府、社区和消费者广泛支持，并减少工作中大量不必要的冲突与摩擦。

（二）构成企业文化的要素

人是企业中的最大资源，管理企业的最有效方法，是通过文化的微妙暗示进行的。因此，《公司文化》一书作者特雷斯·韦尔和阿伦·A·肯尼迪在对数十家美国公司调查研究后得出自己的结论：厚重的文化几乎总是让企业获得持续成功的驱动力量。他们由此提出了构成企业文化的五大要素。

1. 企业环境

任何企业都处在一定的社会环境和自然环境之中，受环境的制约和影响。因此，企业在尽最大努力适应环境的同时，还应该积极影响和改造环境。只有与客观环境实现动态平衡，企业才能协调发展。

（1）协调好企业内部环境

①形成良好的经营环境，以员工的密切协作来营造良好的经营秩序。②企业应通过培植价值观念、创造民主气氛、融洽人际关系、激励员工动机来增强内部员工的凝聚力和活力。

（2）协调好企业的外部环境

①妥善处理外部公众关系，创造良好的关系环境。②永远保持科学技术领域的优势。③树立社会道德标准和社会价值观。④努力创造企业与自然生态环境间的和谐。

2. 价值观

价值观是企业文化的核心，是企业组织的基本思想和信念。具有强烈文化氛围的企业内部都存在着为员工们所共同拥有的价值观。领导者们不断地向员工宣教这些思想和信念，并要求整个企业不偏离企业的价值标准。

价值观的确立是企业组织在决定企业的性质、目标、经营方式和角色时做出的选择，也是企业经营成功经验的历史积累，它决定了企业经营行为的基本性质和方向，构成了企业内部成员行为准则，也是企业一切行为与活动所追求的理想境界。

3. 模范人物

模范人物是企业价值观的人格化体现，更是企业形象的象征。许多优秀的企业都十分重视树立能够体现企业价值观的模范人物，通过这些模范人物向员工宣传灌输企业提倡和鼓励的东西。模范人物在组织内部提供了一种持续的影响，他们为自己的组织提供着精神凝聚力。

4. 典礼仪式

典礼仪式是企业围绕着自己企业文化的主旨——企业价值观而组织和筹划的各种仪式和活动。一些大企业的管理者通过安排企业的仪式、礼节，向员工和社会各界说明企业的礼仪标准和办事程序，从而确保员工和与企业打交道的人都以正确的方式进行活动。这其中也体现了管理者对理想境界的追求和对事物的判断标准。企业的典礼仪式包括一些具体的形式，它们从不同的角度去表现企业的价值观，共同营造一个完整的企业文化氛围。

5. 企业文化网络

企业文化网络是指一个企业用来传播企业文化信息的正式和非正式信息沟通系统，它是企业文化中的构成要素之一。企业文化网络在企业中具有传播和解释企业文化的功能。通常任何一家企业中的信息沟通都是通过正式系统和非正式系统两个渠道来完成的。正式系统包括广播、电视、报纸、各种会议等；非正式系统是未经设计、自发形成的、内部的沟通系统。企业文化的各种信息借助于文化网络在企业的方方面面流传，也因此在企业内部形成一种特殊的文化氛围，从而为企业内部形成共同的价值观、发挥企业文化的管理功能起到了促进作用。

（三）企业文化的内容

企业文化的内容包括以下七个主要方面。

1. 最高目标或宗旨

企业是一个经济实体，必须获取利润，但绝对不能把盈利作为企业的最高目标或宗旨。企业经营实践证明，单纯把盈利作为最高追求，往往适得其反。纵观世界上比较优秀的企业，大都以社会、顾客、员工服务等作为最高目标或宗旨。

2. 共同的价值观

所谓价值观就是人们评价事物重要性和优先次序的一套标准。企业文化中所讲的价值观是指企业中人们共同的价值观。共同的价值观是企业文化的核心和基石，它为企业全体员工提供了共同的思想意识、信仰和日常行为准则，这是企业取得成功的必要条件。因此，一般优秀的企业都十分注意塑造和调整其价值观，使之适应不断变化的经营环境。

3. 作风和传统习惯

作风和传统习惯是为达到行业最高目标和价值观念服务的。企业文化从本质上讲是员工在共同的联合劳动中产生的一种共识和群体意识，这种群体意识与企业长期形成的传统和作风关系极大。

4. 行为规范和规章制度

如果说企业文化中的最高目标和宗旨、共同的价值观、作风和传统习惯是软件的话，那么行为规范和规章制度就是企业文化中的硬件部分，在企业文化中硬件要配合软件，使企业文化得以在企业内部贯彻。

5. 企业环境和公共关系

任何企业都不是独立于社会之外的，企业环境和公共关系对企业的形成、存在和发展具有极大的影响。因此，企业的环境和公共关系是企业文化不可缺少的部分。

6. 企业形象识别系统

企业存在于社会，并且要区别于其他企业，就必须有自己独特的企业形象识别系统，这是企业文化的表象内容。

7. 培育和造就杰出的团队和企业英雄

企业文化是以人为本的。人是企业文化的承载体，也是体现者和传播者，因此，企业文化必须培育和造就一个个杰出的企业团队和企业英雄。

（四）企业文化的塑造

由于各企业的背景、生产模式以及地域等一系列因素的不同，能适用的企业文化塑造的方法也各不相同，这里强调的是企业进行文化塑造时应注意七个要点。

1. 注意企业文化的民族背景

不同的企业文化千差万别，没有两个企业具有完全相同的企业文化，但在相同或相似的社会历史、民族文化等影响下，企业文化也有许多共性。所以任何一个企业在进行企业文化的建设时，都要将“民族背景”作为重要的参照系统，特别是珠宝企业，其产品是对民族文化的一种反映，应该更加注重这一点。

2. 企业文化建设应从宏观角度着手

面对新的经济形势和环境，企业的生存和发展日益依靠综合的、整体的战略决策，以及企业的经营和组织策略。单纯的经济手段和生产手段只可能产生片面性和短期行为。因此，必须从企业文化的宏观角度看待企业的生存和发展，审时度势，探索道路，适应时代的发展要求，充分控制和利用环境的有利条件和企业内部潜力，使企业向高效、健康的方向发展。

3. 注重员工与企业相互促进

企业文化是企业成员共同拥有的财富，更是所有成员行为的规范和准则，每个成员要想在一个企业中求得发展，就要不断地学习所在企业的文化。员工对企业文化由适应、遵守到为其发展做出贡献的过程，带来的不仅是员工自身素质的提高，也是企业文化的持续进步。

4. 以人为本的文化核心

企业文化自始至终都体现出以人为中心的特征。这表明“人事管理”是企业文化的核心工作内容。企业要想有活力，首先要激活人，使人有活力；要激发人的积极性，必须在企业经营管理中注入一种积极向上的文化观念，给每个人以希望，给每个人以一个明确的目标，因为人的精神可以转化为巨大的物质力量来支配。例如管理制度、资金设备、市场条件、利润指标等的硬件因素：美国的摩托罗拉公司、日本的松下公司以及我国的海尔等企业，无不对人的因素、对文化观念的神奇力量有深切的感受。它们获得成功最重要的诀窍，正是在于真正重视人的因素，充分激发了人的潜能，发挥了员工的积极性和创造性，也增强了企业的凝聚力。

5. 不断革新才能使企业具有文化生命力

企业文化在企业中一经形成，便具有了自己相对稳固的模式和传统，但它们也不是恒久不变的。以社会文化为依托的企业文化，会不断地变换其内容和形式，与时代相适应，企业文化只有具有显著的革新性，才能保持其旺盛的生命力和活力。

6. 企业文化应具有自身的独特性

不同的企业走过的从创立、生存到发展的道路各不相同，各企业采用的推动企业经营与管理的手段和方法也不同。每家企业内部都存在着自身所独有的企业文化，它能够辅助企业对外适应外部社会与市场环境、对内营造良好的协调机制与人际关系，促进企业全面成长。

7. 要使企业文化持久地发挥作用

要对已经建立起来的企业文化加以保护，使之得到延续。由于企业文化通过制度的规范化将企业的价值观念加以凝固，所以无论是员工，还是顾客或旁观者，在任何时间都会受到同样的感染，体味到同样的精神。老员工的行为方式具有示范效用，他们的精神状态以及企业整体性活动对新员工会起到教育和引导作用，这就保证了企业文化的历史性延续。

企业文化使员工时时刻刻都感受到企业的价值观念，在它的感染和潜移默化的作用下，他们的价值观念会趋于一致。因此，优秀的企业文化能够在企业中为企业所倡导的价值观提供一种氛围和环境，使企业员工时刻感受到它并受到感染，从而加深对企业文化价值的认识和理解，主动约束自己，使企业文化管理奏效，使企业更加协调发展。

思　考　题

1. 珠宝企业管理的定义是什么？
2. 珠宝企业管理的职能包括哪些？
3. 珠宝企业管理应掌握的基本原则有哪些？
4. 什么是企业理念？
5. 什么是企业文化？企业文化塑造应该注意哪些问题？

第三章　珠宝企业战略管理与决策

企业的管理者如何进行战略部署和决策，直接关系到一个企业的生存，这是一个珠宝企业经营管理者必须分析和解决的问题。宏观上对珠宝企业合理的布局，等于节省了预支成本、降低了经营风险、提高了企业发展的成功率。下文案例中珠宝企业宏观战略和决策不够深远导致企业破产，足以说明战略管理与决策的重要意义。而如何对珠宝企业进行战略管理和决策，是本章要讨论的问题。

案例：在 1997 年以前，深圳的许多珠宝加工镶嵌厂几乎彻夜加班，效益之好，让许多行业望尘莫及，吸引了众多人开设新的珠宝加工镶嵌厂。一位学员投资 100 多万在工业园里开设了一家镶嵌厂，可是生产了一年就宣布倒闭。随后只有一些工艺好、收费较低的珠宝加工镶嵌厂还仍可满工作量运行，而其他加工镶嵌厂已经转产或倒闭。这种结果的产生，虽然不排除某些客观因素的影响，但其重要原因还是企业管理者对市场动向和容量把握不足，敏感度不高。1998 年之后，国企改革下岗增加，对未来的不确定性使人们的消费观念发生了极大的改变，国家数次降低银行利息目的就在于刺激消费，扩大内需，但大多数消费者仍对珠宝产品的消费持谨慎态度，加上市场上随处可见的珠宝价格战，使得消费者对于珠宝首饰的消费趋于紧缩状态。

第一节　珠宝企业战略管理

“战略”是个军事名词，这里用于企业管理上是因为商场上的残酷竞争并不亚于战场，在许多的地方出现的珠宝企业间残酷的竞争，珠宝的利润率极度下降，使得成本高、规模小的一些企业难以承受亏损，出现倒闭或转产等现象。

如何实现珠宝企业的长期可持续健康发展，其核心便是在企业战略决策中树立科学发展观。

一、珠宝企业战略的定义、作用和种类

1. 珠宝企业战略的定义

珠宝企业战略是指在市场经济条件下，珠宝企业为求得长期生存和稳定发

展，在分析内外环境的基础上，对企业总体目标、经营方向、方针、策略等全局性问题所做出的谋划。珠宝企业战略包括战略使命、战略重点、战略阶段和战略方案。珠宝企业战略具有长期性、全局性、抗衡性、科学性、风险性相对稳定性的特征。

2. 珠宝企业战略的作用

(1) 纽带作用

企业的战略有助于统一企业员工的思想，通常企业的员工来自于五湖四海，他们在不同的工作岗位上创造着价值，把企业发展战略贯穿于全体员工的思想，使他们形成一股合力，才真正有利于企业目标的最终实现。例如：金兰首饰公司提出的口号“金兰首饰你我的世界”[如图 3-1(a)],反映了员工和广大消费者共同的愿望。

(2) 稳定作用

企业的战略反映了企业发展方向，也反映了全体员工的意志，能够长期指导员工的行为，具有长期性的特点，因此不能朝令夕改，需要长期的努力奋斗。一代员工完成不了的任务，甚至要经过几代人的长期奋斗方能完成企业的战略使命。正如 De Beers 对于钻石的推广和宣传，正是经历了几代领导者不懈的努力，才有今天钻石家喻户晓的结果。对于其他宝石的推广，也需要广大珠宝企业长期的努力去完成。

(3) 激励作用

战略使命中提出的经济指标和价值观念，集中反映了全体员工的意志，激励所有人去奋斗。集体的利益和个人的利益是分不开的，只有当企业实现赢利，实现目标，企业才有能力去实现个人的利益，因此，企业战略激发了广大员工的工作热情。例如：部分珠宝企业让员工入股企业，除了固定工资外，按照企业实现的利润进行分红，极大地促进了员工的工作热情，也真正做到了将自己看成企业的主人。

(4) 树立良好形象作用

良好企业形象是企业无价之宝，它不仅凝结了广大消费者对企业的信赖，还体现了对企业的支持，因为人们都愿意购买自己信赖的品牌产品。同时，企业的战略体现了全体员工的价值观、行为准则和社会责任，为企业树立了良好形象，反映了社会整体利益。如四川长虹所提出的“以振兴民族工业为己任”，唤起国人热情，购买国货；深圳蒂爵珠宝公司的“顶尖品质，一流服务”，给人以信赖的感觉[如图 3-1(b)]。

(5) 减少经营风险

在市场经济中，珠宝企业所面临的环境变化莫测，存在许多不确定因素。

图 3－1　珠宝企业的宣传语（引自《中国宝石》，2004，No.4）

通过制定和贯彻企业战略，以不变应万变，经过对周围环境的考察和对自身情况的评估，确定企业远景目标，即使环境发生一定改变，也能使企业沿着既定方向运行，减少了经营风险，增强了企业抗干扰能力。

3. 珠宝企业战略的种类

从企业的发展态势来看，企业战略通常可分为以下三类：扩张战略、维持战略、防御战略。

（1）扩张战略

扩张战略是指企业为实现其总量的扩大而制定实施的战略。是在原有生产规模基础上，通过技术创新、产业结构调整等手段，实现企业生产能力提高、产量增加、市场占有率扩大以及规模扩大等总量的增长。企业实施扩张战略要求一定条件，如机遇、资源、技术创新等等。

①机遇。企业实施扩张战略，要首先分析内外部环境和自身条件，寻找外部环境的变化给企业带来的机会，结合自身优势才能抓住机遇。例如，海湾战争之后，石油价格的不断攀升，使得世界经济存在极大不确定性，人们对于黄金的储备增加，黄金的价格短期不断上涨，这对于以金首饰为主的珠宝企业扩大产量是很好的机会，企业可以制定这段时期的发展战略，增加产量和销售，从而获得巨大利润。但是在机会到来的时候，如果企业自身没有使用这种机会的优势，比如缺乏可使用资金，就不能抓住机遇，实现增长。

②资源。企业扩张需要一定的资源作为保证，这些资源（主要指资金、设备、宝石及贵金属原料等）可获得性成为制约企业战略实现的关口。没有充足的资源作为保障，几乎不可能顺利的实现企业的战略目标。简单说，在钻石销售的旺季却无法获得钻石原料或裸石，企业便无法生产所需要的产品，也就无法实现赢利。资源对于多数企业来说都相对不足，如何整合资源、挖掘潜力是企业领导者必须具备的能力，这决定了企业的成败。

③技术。资源作为企业扩张的保证，而技术则是企业扩张的支柱。企业可

以通过资产的重组实现规模的扩张，但是在如今知识经济时代，技术是企业长足发展和立于不败之地的最可靠支持。只有靠技术才能实现集约型发展，技术是第一生产力。设想一个首饰加工镶嵌企业没有好的镶嵌技术又怎能在激烈的珠宝市场竞争中立于不败之地呢。

④创新。这里的创新不仅包括技术创新还包括管理创新。扩张要求企业必须有创新精神。简单走别人走过的路，势必不能获得比较优势，不符合经济学原理所倡导的原则。技术创新直接带来生产能力的提高，而管理创新也会使资源配置更加合理，束缚生产力发展的弊端得到克服，同样促使生产能力的提高和产业结构的更加合理。无论技术创新还是管理创新，都会使企业发展得到一定程度质的飞跃。

周大福珠宝公司首创扩张战略有两种基本形式。

(A) 产品——市场战略（表 3－1）

表 3－1　产品——市场战略种类

产品＼市场	原市场	相关市场	新兴市场
老产品	市场渗透战略	市场开拓战略	市场转移战略
相关产品	市场开发战略	多角化战略	市场创造战略
创新产品	产品创新战略	产品发明战略	多角化创新战略

其中，多角化战略是指一个企业同时经营两个或两个以上的行业或市场的战略。比如一珠宝企业既有国内市场又有国外市场，或者既经营珠宝又经营服装。多角化战略包括以下几个方面：

a. 单一产品战略（我国多数企业如此）；

b. 优势产品战略；

c. 技术相关产品战略（如首饰加工设备）；

d. 市场相关产品战略（如首饰盒）；

e. 非相关产品战略（以减小风险）。

(B) 兼并与合并

两者动机均是为企业资本增值，实现垄断，低成本扩张，减少经营风险。

企业兼并是指珠宝企业以现金购买形式或股票转让方式，获得另一企业资产控制权的产权交易方式。

企业合并是指参与合并的企业有偿转让资产，全部放弃法人资格，实现生产要素、经营的合并，由一个新成立的、具有法人资格的企业来统一经营的产权交易形式。

企业的兼并与合并有三种形式：

a. 纵向兼（合）并：发生在上下游企业之间。例如：彩电生产厂兼并显像管生产厂；珠宝销售公司兼并珠宝加工厂。

b. 横向兼（合）并：发生在生产同类产品的不同企业之间。例如：钻石销售公司兼并翡翠销售公司等。

c. 复合兼（合）并：纵、横均有。

（2）维持战略

当企业内部环境相对稳定，企业获得高速发展之后，技术在同行业遥遥领先时，外部环境发展不明时，企业要维持发展现状，可采取以下策略：

①巩固目标市场；②改善组织结构；③加强队伍建设；④完善产品。

（3）防御战略

当经营环境对企业产生不利影响时，企业处于被动地位，企业无法改变这种局面而主动撤退。企业应主动避开不利，保存自己，以图再起。采用的类型有：

①紧缩战略：当需求降低时，减少产量；

②撤退战略：面对强大对手时，撤出市场；

③清算战略：无力改变破产命运时，清算企业资产；

④新生战略：面临破产但是仍有生存可能，可进行组织重建、财务重建、市场重建。

（4）竞争战略

①低成本战略：在同行业中，做到本企业成本最低，如在生产中降低损耗，在销售中灵活运用经营手段，降低销售成本。

②产品差异战略：在珠宝产品功能、质量、造型、包装规格、售后服务、服务项目等诸多方面实现差异化。

③集中战略：集中中小企业全部资源，满足特定消费者需要，例如为满足恋人的需要生产情侣戒。

（5）跨国经营战略

在跨国经营中，环境更复杂，风险更大，企业必须有一定规模与实力，有具竞争力的拳头产品，按国际惯例经营。采用跨国经营战略，有海外组装、合同制造、许可证贸易、组建海外合资公司或海外独资公司等方式，其作用在于可规避风险、减少合资者利润、提高竞争优势、应付外汇管制等。

二、珠宝企业如何确定自己的战略

企业战略决定企业命运，珠宝企业在确定自身战略的具体操作时，应该充分了解自身的状态，充分掌握外部环境的利弊。只有这样才能制定出科学的、合理的并且符合企业自身实际的战略，才能保证企业的可持续发展。企业在制定战略时必须以科学发展观总领全局，符合时代的要求。

1. 企业应充分了解自身的状态

作为一个企业的管理者，对企业的各个方面应有充分的了解，知道企业自身拥有的资源和优势，了解自身的不足和劣势，这样在制定企业战略时，才不会不符合实际，纸上谈兵，并能灵活运用各种战略手段，使企业获利最大，损失最小。

例如：市场转移战略的应用，将老产品转移到新市场上去。目前，国内的大、中城市许多人购买钻石、红、蓝宝石、翡翠等首饰，佩带纯黄金首饰的人很少，而偏远县城，人们主要还是购买黄金首饰，因此，一些经营黄金为主的公司，可以将自己的市场由大城市向中、小城市转移，虽然交通不便，但市场看好。

2. 充分掌握外部环境的利弊

多方面收集信息，了解会对企业带来影响的外部环境变化，未雨绸缪。这样制定出的战略规划才能符合实际，才能应对外部环境的不利因素，使企业实现顺利发展。

例如：由于某种原因，如非典型性肺炎（SARS）影响；珠宝商品需求疲软；企业必须积极寻求新的利润增长点；在有新的突破前，企业可采用维持战略和防御战略。

如果在企业创建初期，就更要充分掌握外部环境的利弊，制定合理的企业战略，并能传达到企业的全体员工。

三、珠宝企业战略的实施

珠宝企业战略一旦确立，接下来的战略实施也是一项系统工程，做好从战略发动、战略计划、战略匹配到战略调整等多方面的工作是保证战略实施的关键。

1. 重视战略实施前的发动工作，提高员工对战略的认同度

一项新战略的出台和实施，做好宣传和发动工作是必不可少的，而这正是不少企业所忽视的。只有让广大员工了解企业的战略意图，并认同企业战略目标的前提下，才能调动他们的积极性和主动性，激发出他们的参与热情。因此通过耐心细致的动员，把大家的思想和认识统一到企业的价值观和战略目标上显得尤其重要，这需要向员工讲清楚内外部环境给企业带来的机遇和挑战以及

实施新战略对员工自身的影响和长远利益关系，依靠战略勾画出的生动而富于创造性的远景来鼓舞员工士气，使企业战略得到员工的充分拥护和支持，从而奠定战略实施和推进的基础。

2. 战略实施前制定具体和可操作的实施计划

企业战略制定出来以后，往往出于尽早看到战略实施效果的迫切愿望而匆匆上马，甚至认为制定实施计划是在浪费时间或延误战机，那就错了，“磨刀不误砍柴工”，“凡事预则立，不预则废”。

战略计划可以避免实施过程中出现混乱局面，做到有备无患。实施计划主要包括以下内容：一是将企业总目标、总任务作时间上的分解，明确进度规划和分阶段目标，并分析论证既定时间框架下的可行性；二是作空间分解，制定各事业部门和职能部门相应的分战略，在分战略和分任务明确之后，进一步制定相应的措施和策略；三是明确企业不同时期、不同部门的战略重点，哪些指标需要确保，哪些指标可以相对灵活，当指标之间相互冲突时的取舍，即战略目标优先权的问题，以便有重点地全面推进企业战略，保证战略目标实现。

3. 战略实施的影响因素要同战略匹配

战略管理的实质是使企业的内部条件与外部环境所提供的机会和挑战相配合，战略作为使企业内部条件和外部环境相连接的中间环节，决定了匹配是战略管理的关键问题。

（1）领导风格与战略实施的匹配

在战略实施中战略与领导的匹配构成战略与企业内部要素配合的一个主要方面。由于不同的战略对战略实施者的知识、价值观、技能及个人品质等方面有不同的要求，因此战略要发挥出最大的功效，需要战略与领导者特点的匹配。例如当企业采取扩张战略时，需要具有开拓精神的经理人员；采取维持战略时，需要一个管家型的经理人员等等。一般要从对企业或管理的熟悉程度、产业经验、管理职能的背景情况、冒险性、自主性或被动性、人际关系的能力六个方面来考察总经理，从而判断领导者与战略要求的匹配性。

（2）组织结构与战略实施的匹配

“组织”是战略执行中最重要的、最关键的要素。完善而有效的“组织”不仅为“资源”或“要素”的运行提供最为适当的空间，而且可以部分地补足或缓解资源、要素等方面的缺陷。只有战略与组织结构达到最佳配合时，才能有效实现战略目标，但由于战略的前导性和组织结构的滞后性使组织结构的变革往往跟不上战略实施的需要，组织工作的首要任务就是在经营战略的基础上选择适宜的组织结构。当前企业面临更为动态的市场环境，经营战略的调整和变革均比以前大为加快，致使企业组织工作也处在动态之中。

(3) 企业文化与战略实施的匹配

加强企业文化建设，保证企业文化同企业宗旨、理念、目标的统一，是企业战略实施成功的一个重要环节。通过企业文化的导向、激励和凝聚作用把员工统一到企业的战略目标上是战略实施的保证。因此企业文化应适应并服务于新制定的战略。但由于企业文化的强度较大，且具有一定的持续性，当新战略要求企业文化与之相配合时，企业原有文化的变革会非常慢，旧的企业文化常常会对新的战略实施构成阻力。

(4) 资源分配与战略实施的匹配

企业战略目标的实现需要资源的配合。资源不仅包括物力资源和财力资源，更重要的是人力资源。企业的各事业部门和职能部门对资源的要求与其承担的任务密切相关，因此资源分配，特别是人力资源如何有效合理配置，以满足战略实施的需要应该引起足够的重视。

4. 注重战略实施过程中的调整和变革管理

战略是在不断变化的内外部环境下实施的，环境变化的某些不可预测性会使企业的战略意图和战略行动之间产生不一致。因此战略实施过程中要求战略随环境的变化做出相应的调整和变革，即战略的动态管理。

第二节　珠宝企业的核心竞争力

核心竞争力是指企业开发独特产品，发展独特技术和发展独特营销手段的能力。它一般以企业的核心技术能力为基础，通过企业战略决策、生产制造、市场营销、内部组织协调管理的交互作用而获得企业保持持续优势的能力，是企业在发展过程中建立与发展起来的一种资产与知识的互补体系。

企业的核心竞争力与一般能力的区别在于核心竞争力对企业的竞争力和盈利能力起着至关重要的作用。

企业的核心竞争力可以是指完成某项活动所需要的优秀技能，可以是指企业技术能力的范围和深度，还可以是指那些能够产生具有很大竞争价值的生产能力的一系列具体技能的结合。核心竞争力是企业宝贵的战略资源，是无价之宝。企业如果不确立自己的核心竞争力，而是以别的能力建立自己的市场领先地位，那么，它只能是建立在沙滩上的楼阁，因此企业必须确立自己的核心竞争力。

在珠宝企业中，香港周大福珠宝之所以独占鳌头，就是因为该企业以首创“999”金提纯技术和时尚的款式作为其核心竞争力，一直以来在国内外珠宝市场上响誉海内外，深受消费者的喜爱。所以，企业要发展并壮大，自身的核心竞争力起着举足轻重的作用。

一、核心竞争力的构成要素

1. 研究开发能力

研究开发能力是指为增加知识总量，以及用这些知识去创造新的应用而进行的系统性创造活动。它包含基础研究、应用研究和技术开发三个层次。对大多数企业来说，主要是后两项活动。其关键在于，一定要掌握通过研发形成与众不同的技术，完成知识积累尤其是人才积累，才能保持长久不衰的优势，使他人难以模仿和超越。

2. 不断创新的能力

也就是要求企业根据市场环境变化，在原来的基础上重新整合人才和资本，进行新产品研发并有效组织生产，不断创新和适应市场，实现企业既定目标的过程。它包含技术创新、产品创新和管理创新。企业要取得核心竞争力，就必须准确把握世界科技和市场发展动态，制定相应的创新战略，使三项创新活动得以协调展开。可以说创新能力是一个企业持久核心竞争力和旺盛生命力的体现。

3. 组织协调各生产要素有效生产的能力

这种能力不仅仅局限于技术层面，它涉及企业的组织结构、战略目标、运行机制、企业文化等多方面，突出表现在坚强的团队精神和强大的凝聚力，表现为组织的大局观和整体协调能力以及资源的有效配置。

4. 应变能力

客观环境时刻都在变化，企业决策者必须具有对客观环境变化敏锐的感应能力，必须使经营方略随客观环境的变化而变化，即因时、因地、因对手、因对象而变化。

企业核心竞争力构建的是一个复杂而又多元的系统工程，它包括了多层面的能力。构成核心竞争力的核心是企业的核心技术能力，企业核心技术能力的高低决定了企业将技术资源向技术优势进行转换的水平。至于将技术优势转换为企业的竞争优势，则还需要企业其他能力的辅佐，其中包括：①企业的响应能力；②企业的战略决策能力；③企业的核心生产制造能力；④企业的核心市场营销能力；⑤企业的组织协调能力；⑥企业的核心品牌形象能力；⑦企业的核心服务能力。

二、核心竞争力的五个特征

1. 价值优越性

核心竞争力是企业独特的竞争能力，应当有利于企业效率的提高，能够使企业在创造价值和降低成本方面比竞争对手更优秀，它也给消费者带来独特的价值和利益。

2. 差异性

一个企业拥有的核心竞争力应该是该企业独一无二的。即其他企业所不具备的（至少暂时不具备），是企业成功的关键因素。核心竞争力的差异性决定了企业之间的差异性和效率差异性。

3. 难模仿性

核心竞争力是在企业长期的生产经营活动过程中积累形成的，深深打上了企业特殊组成、特殊经历的烙印，其他企业难以模仿。例如：索尼公司产品创新特别是小型化的能力；松下公司质量与价值的协调能力；海尔公司广告销售和售后服务的能力；周大福公司黄金提纯技术和款式设计能力；戴梦得珠宝的市场开发能力等等。

4. 不可交易性

核心竞争力与特定的企业相伴而生，虽然可以为人们感受到但无法象其他生产要素一样通过市场交易进行买卖。

5. 难替代性

由于核心竞争力具有难以模仿的特点，因而依靠这种能力生产出来的产品（包括服务）在市场上也具有不会轻易被其他产品所替代的特征。

三、企业的核心竞争力的识别

对核心竞争力的识别是企业核心竞争力培育的前提，很多企业误把非核心竞争力视为核心竞争力来培养，结果在非核心竞争力上投入过多的资源，造成时间、资源上的浪费。

正如台湾著名企业家余世维所讲的，什么是“铁板牛肉”这道菜的核心竞争力？既不是铁板，也不是牛肉，而是那“吱啦、吱啦”声。

因此，企业需要对核心竞争力进行鉴别，要清楚以下几个方面的问题。

1. 竞争力不等于核心竞争力

某个国内领先的大型 IT 产品制造商声称其核心竞争力是技术加市场加管理，这个界定显然太广泛。一个公司要在市场中领先，当然在市场、财务、技术开发等各功能领域都有一定的竞争力，但这并不等于核心竞争力，核心竞争力必须有独特性，其他竞争对手很难复制。

2. 核心业务不等于核心竞争力

有核心业务并不等于自然有了核心竞争力，公司集中资源从事某一领域的专业化经营，在此过程中逐步形成自己在管理、技术、产品、销售和服务等多方面与同行的差异，在发展这些差异时，企业能逐步形成自己独特的、可提高消费者特殊效用的技术、方式和方法，这些才是有可能构成今后公司核心竞争力的要素。

3. 没有核心技术，并不意味着没有核心竞争力

比如戴尔（Dell）公司没有个人电脑的核心技术，但并不妨碍它成为行业领先者，因为戴尔公司的核心竞争力在于高效的供应链管理。

对于那些已经获得竞争优势的企业，识别核心竞争力的过程实际上就是全面深入透彻的理解企业自身获得当前成功的技巧的过程，是走出当前服务市场的迷雾、发现新业务的过程。

识别核心竞争力的方法主要是进行比较分析，以下是三种较常用的比较方法：

第一，历史性对比：即通过企业的现有资源和表现与企业过去的经历进行对比来看企业是否发生变化。这样对比的目的其实是看企业的表现对于过去是否提高。

第二，同行业标准对比：即将自己企业的资源和能力与同行业中的其他企业进行对比，目的是看自己的企业与行业内的企业相比是强还是弱，差别有多大。

第三，将自己的企业与行业中最好的企业进行对比，这样可以发现自己的企业与行业中最好的企业之间的差别有多大。

当然，识别核心竞争力的方法不只限于以上三种，核心竞争力还要满足三个方面的测试：

第一，是否是竞争差异化的有效来源？它是否使企业具有独特的竞争性质而难以为竞争对手模仿？

第二，是否存在顾客可感知的价值，如索尼公司的微型化或苹果公司的用户友好设计。核心竞争力应能使顾客感受到末端产品对其利益的买点或卖点。

以上两者是对竞争能力的判断根据。

第三，它是否实现了范围经济？表现在是否覆盖了多个部门或产品？是否提供了潜在的进入市场的多种方法？核心与否，这是最关键的。

第三节　珠宝企业的决策

人们在生活中，几乎每天都凭一种感性在进行着各种决策。珠宝企业的长

足发展，更是离不开科学的决策。

一、决策的概念、意义、种类、程序和方法

1. 概念

珠宝企业的决策是指从两个或两个以上的备选方案中选择一个方案的过程；是在明确企业目标，充分掌握信息的基础上，根据客观条件和环境的可能性，提出若干方案，用科学的理论与方法从中选出最佳方案的过程。

2. 意义

企业的决策具有十分重要的意义。诺贝尔经济奖获得者西蒙曾指出“管理就是决策”。“毫不夸张地说，今天企业成功的关键，已不是资本和技术方面的问题，而是有关战略和政策方面的决策问题。”（卡耐基语）。企业的决策贯穿于管理的始终，为行动指明了方向。正确的决策可以为企业寻求出最有效的经营方式，提高了成功的机会。

3. 种类

就其重要程度而言，企业的决策分为战略决策、管理决策（战术决策）和业务决策三种；就企业当时条件而言，企业的决策分为确定性决策、风险型决策和不确定性决策。

4. 程序

一般说来，企业的决策分为以下四个步骤：

(1) 发现问题，找出原因，明确决策目标；

(2) 拟订可行方案；

(3) 选择行动；

(4) 执行决策。

5. 方法

(1) 经验决策法

①小中取大法（悲观决策法）：预期最好的可能性。

②大中取小法（乐观决策法）：预期最坏的可能性。

③最小后悔值法：能够承受的损失数量。

④指数平滑法：估计值$=a^{*}\max R+(1-a)^{*}\min R$

(2) 数学模型决策法

①增量决策法：MP＝MR－MC

②盈亏平衡决策法：U＝(PQ－CQ)/PQ

③线性规划法：利用计算机现成的软件包进行。

④决策树法：利用树形结构和期望值计算，如：

某方案的期望净收益值 $E=\sum_{t=1}^{n}\frac{\sum 概率\times 收益值}{(1+i)^t}-原始投资额$。

(3) 实验决策法

通过实验来取得指标。

(4) 综合决策

上述三种方法综合使用,(1)+(2)+(3)。

二、珠宝企业管理者决策之道

20世纪80年代初，在西欧曾对一些企业高层领导者的工作时间进行调查，结果发现：

40%的时间用于企业经营战略决策上
40%的时间用于处理各种关系
20%企业日常事物

可见，一个好的管理者，主要时间和精力应投到决策上而不是日常琐碎事物上。珠宝企业的管理者们在决策时应注意以下几点：

1. 收集信息

通过问、看、听、读等手段，或作市场调查，获得第一手的可靠资料，做到知己知彼，可以借助的媒体包括网络、报纸、杂志、电视等。这些信息包括企业自身的实力，企业外部的经营环境，企业内部执行决策、组织生产过程中产生的种种信息，以及企业内部向外发出信息在各方面引起的反馈等等。

可以借助的一些珠宝行业的网址：

(1)http://www.chinajewellery.com/ 中国珠宝网

(2)http://www.chncec.com/ 中国珠宝营销网

(3)http://www.cn-bijou.com/ 中国珠宝首饰网

(4)http://www.21gem.com/ 21世纪珠宝网

(5)http://www.worldjewellery.net/ 国际珠宝网

(6)http://www.chinajewelry.net/ 中华珠宝网

(7)http://job.913.cn/ 珠宝人才网

(8)http://www.jewellery.org.cn/ 中国珠宝首饰行业协会

(9)http://www.cas-gjac.org/ 国家珠宝玉石质量监督检验中心

(10)http://zbxy.cug.edu.cn/ 中国地质大学(武汉)珠宝学院

(11)http://www.gia.edu/Gemological Institute of America (GIA)

(12)http://www.gagtl.ac.uk/Gemological Association and Testing Laboratory of Great Britain (GA)

(13)http://www.gemstone.org/The International Colored Gemstone Association (ICA)

(14)http://www.cibjo.org/International Confederation of National Jewellery Trade Organizations(CIBJO)

(15)http://www.dtc.com/Diamond Trade Company (DTC)

(16)http://www.debeersgroup.com/De Beers

可以借助的一些珠宝行业的报纸杂志期刊:

报纸:《中国黄金报》、《财富珠宝报》、《宝玉石周刊报》等。

杂志期刊:《宝石和宝石学杂志》、《中国宝石》、《中国黄金珠宝》、《中国宝玉石》、《矿产与地质》、《岩石矿物学杂志》、《超硬材料工程》、《Gem & Gemology》、《Australian Gemologist》、《Canadian Gemologist》、《Gemology》,等等。

2. 分析信息的真实性,未战先算

对于采集到的信息进行分析,剔除无效信息。所谓先"算",就是"谋"。一个企业从无到有,从小到大,其关键是与管理人员的长谋远虑分不开的。

企业对信息处理中,一定要多算,周密思考,对可能出现的情况有所设想,并提出几种不同对策,做到力求无患。"60 以上为多算,60 以下为少算"。有 60%的把握时就应该敢于决策。

例如:深圳某品牌,让珠宝学院刚毕业不久的大学生来武汉调查市场,笔者告诉他,一个珠宝市场调查应有哪些方面,调查完后如何计算和分析论证。

一个珠宝市场调查(可以采用问卷、访谈、网络和实地考察等多种方式进行)应包括:武汉市有多少商场(包括其特点,如地理位置、人流量、商品档次等)?每个商场有多少个珠宝品牌(包括其知名度、专柜规模等)?每个品牌大概月、年销售额是多少?销售的主要宝石的品种、质量、价位?商场扣点是多少?商场平时打几折销售?进场费用和营业员工资水平?……

在上述问题清楚的前提下,进行计算、论证。

实例:

以武汉某商场为例,有珠宝品牌 16 个,平时打 7.5 折销售,其中某品牌有两节柜台,月销售额 10～20 万,商场扣点不等,且保密,通常为 25%。有四名营业员,底薪每人 500 元,实际销售额提成 1%。增值税 17%(实际上公司交纳进项增值税)。那么该品牌利润是多少?新进品牌可以经营吗?答案是可以。计算如下:

一枚钻戒成本以 1 000 元为例:

1 000×4(mark-up)=4 000(标价)

4 000×75%(discount)= 3 000(实际销售额)

3 000×(1－25%－1%) ＝ 2 220(商场结算额)

2 220×(1－17%)＝ 1 842(实际结款额)

1 842－(营业员工资、其他费用)＝1 800(毛利润)

1 800－1 000＝800(纯利润)

800÷1 000＝80%(纯利润率)

而该珠宝品牌月销售以10万计(采用悲观决策法)：

10万÷75%＝13.3万(标价)

13.3万÷4＝3.3万(成本)

3.3万×0.8(利润率)＝2.7万(每月纯利润)

2.7万×12＝32万(年利润)

初期进场，进场费1～3万，装修费1～2万（因只有两节柜台），全部成本（包括货品）约50万，一年半即可收回投资。因此非常值得经营。实际上，80%的纯利润率是许多商场达不到的，珠宝企业在商场经营过程中，其实际利润率往往低于上述结果。

3. 排除非理性决策，灵活运用各种决策方法

管理者也是人，决不能感情用事，或有某种偏见。通常可以采用换角度方法排除非理性因素。例如：在确定产品类型和款式时，切不可因你本人喜欢某种款式，而主观认为市场会喜欢这种款式，排除个人喜好对决策的影响。

另外，除了排除非理性因素影响之外，还要会灵活运用各种决策方法。例如：在竞争中常采用的两种方法：价格-效用决策法和博弈决策法（美国一位数学家将中国古老的博弈论用于经济中，从而获得诺贝尔经济学奖）。

4. 果断实施决策，兵贵神速

既已选择并采用各种方式检验了决策之后，就可以认为该决策准确无误了，应该立即付诸实践。在实施过程中，管理者的信心和支持至关重要，若管理者缺乏信心，下属就无心执行决策了。

其次要迅速，“兵贵神速，不尚巧退，速则乘机，退则生变”。既已决定，则不能坐失良机，所谓“机不可失，失不再来”。

5. 不是靠强迫命令而是靠以身作则来树立权威

决策者必须具有权威才能使做出的决策和命令得以贯彻执行，把事情办成。但权威的建立不能靠强迫命令，那样不能调动人们的积极性和主动性，不能收到良好效果。权威必须建立在大家信服的基础上。要做到这一点，首先就要决策者以身作则，决策者自己必须热爱组织和工作。

6. 具有全局观念

珠宝企业这个系统是社会这个大系统的一个组成部分，所以企业的目标不

能违反社会目标，例如一个工厂不能只顾自己的产量和利润而污染周围的环境。企业内的各个部门是它的子系统，它们的目标也不能违反企业的总目标，各级的决策者都必须有全局观念。

7. 信赖和培养下级

社会的发展主要不是单靠设备而是靠人才和知识。所以，好的决策者应当重视人才的培养，欢迎职工成长。联邦德国和日本在第二次世界大战后之所以能在废墟上重建家园，迅速发展，很重要的一个原因是他们有一支训练有素、技术高超的职工队伍。有些决策者不相信别人，以为只有自己高明，把大事、小事都往自己身上揽，越揽越多，结果哪一件事也办不好。特别是一些私营珠宝企业管理者，要学会放权和培养下级，否则会给企业的发展带来瓶颈。

8. 主动承担责任，敢于担当风险

当工作中发生困难和失误时，正确的态度应该是：首先主动承担责任和任务，使问题得到解决，再回过头来找出造成失误的原因，最后制定一些方法使今后不再发生类似的问题。珠宝企业对外部经济环境反映敏感，进行决策会随时具有风险，不敢于担当风险企业就不会有长足的发展。

9. 有广博的知识和丰富的经验

做一项决策、特别是重大的决策，涉及许多方面和领域，因此，决策者必须有广博的知识，才能触类旁通，权衡利弊，做出恰当的决策。还有，重大的决策往往是非程序化的决策，没有一定的章法可循，这就要求决策者具有丰富的经验，以便找出正确的决策方法。

10. 有敏锐的预测能力和机智的判断能力

决策往往涉及今后的较长时期。因此，决策者不但应考虑目前的情况，还要预计到今后的变化和发展，这就要求有敏锐的预测能力。同时，决策涉及多种因素，有的是互相冲突和矛盾的，有的是真伪难辨的，而且有的具有强烈的时间性，这就要求决策者有机智的判断能力，判明情况，当机立断，做出正确的决策。

思　考　题

1. 珠宝企业进行战略管理时应注意些什么？
2. 什么是企业核心竞争力？怎样识别它？
3. 珠宝企业管理如何进行决策？

附：市场调查表样本

珠宝首饰消费者调查表（仅供参考）

Questionnaire for jewelry consumers (*For reference*)

以下内容可以根据您的具体情况，以打勾的方式进行选择。

Please chose following items by "√" that you think：

1. 性别： 男☐ 女☐

   Please tick：You are Male ☐ **Female** ☐

2. 请问您的年龄是：**Please tick your approximate age group：**

   A. 14～18 B. 19～25 C. 26～30 D. 30～39

   E. 40～49 F. 50～59 G. 60above

3. 您的文化程度：**Your education：**

   A. 初中 primary school B. 高中 high school C. 大学 graduate

   D. 研究生 post-graduate E. 博士 PhD

4. 您从事的职业：**Your occupation**

   A. 工人 worker B. 农民 farmer C. 教师、科技人员 Teacher or researcher

   D. 公务员 staff of government E. 商业人员 business F. 学生 student

   G. 私营业主 Self－employed H. 其他 others

5. 您的月收入：**Your salary of every month**

   A. 500～1 000 B. 1 000～2 000 C. 2 000～5 000

   D. 5 000～10 000 E. 10 000 above F. 100 000 above

6. 您通常购买首饰的类型：**Which kinds of jewelry ornaments do you prefer?**

   A. 戒指 ring B. 项链 necklace C. 耳饰 earring D. 手链 bracelet

   E. 手镯 bangle F. 胸针 brooch G. 其他 others

7. 您愿意接受的首饰价位：**What kinds of prices do you usually like?**

   A. 500～1 000 B. 1 000～2 000 C. 2 000～5 000 D. 5 000～10 000

   E. 10 000 above F. 100 000 above

8. 您最喜欢的宝石类型：**Which kind of gemstone do you prefer?**

   A. 钻石 diamond B. 红蓝宝石 ruby or sapphire C. 祖母绿 emerald

   D. 翡翠 jadeite E. 珍珠 pearl F. 其他宝石 others

9. 您已经拥有的珠宝首饰数量：**How many pieces of real jewelry ornaments cid**

you have?

A. 1　B. 2　C. 3　D. 4　E. 5 above

10. 您买珠宝首饰喜欢在什么场所：**Where do you like to buy jewelry?**

A. 商场 moe　B. 超市 supermarket　C. 专卖店 jewelry shop

D. 网络 internet　E. 其他 others

11. 您了解的珠宝首饰品牌：**Please write down the jewelry brands or companies that you know.**

____

12. 您上次什么时候购买了珠宝首饰？**When did you want to buy jewels last time?**

____

13. 您购买珠宝首饰希望得到什么服务？**What kinds of service do you want to get when or after you buy the jewelry?**

____

时间 Time：　　调查地点 Location：　　调查人 Name：

珠宝企业调查表（仅供参考）

Questionnaire for jewelry companies (For reference)

1. 所需要调查的商场或者街道，有多少个珠宝品牌？

How many jewelry brands in the investigation Moe or street?

____

2. 每个珠宝品牌占地面积？

The area of every company has ________ m^2

______________________________ m^2

3. 每个珠宝品牌设有多少专柜？

How many counters does every brand have?

____

4. 主要销售的珠宝类型：

The main sorts of gemstones include: ________________

钻石 Diamond

红宝石 Ruby

蓝宝石 Sapphire

猫眼 Cat's eye
变石 Alexanderite
祖母绿 Emerald
欧泊 Opal
石英 Quartz
珍珠 Pearl
翡翠 Jadeite
其他 Others

5. 主要首饰类型包括：
The main styles of ornaments are： ______________
戒指 Ring
项链 Necklace
耳饰 Erring
手链 Bracelet
手镯 Bangle
其他 Others

6. 钻饰数量：　　钻饰所占比例：
The quantity of diamond ornaments：　　**Proportion of the whole：**
______________ pieces　　______________%

7. 钻饰价位：　　平均价位：
The prices of diamond ornaments are：　　**Average price：**
______________ Low ______________ high　　______________£

8. 其他宝石首饰数量：　　所占比例：
The quantity of other gemstone ornaments：　　**Proportion of the whole：**
______________ pieces　　______________%

9. 其他宝石首饰价位：　　平均价位：
The prices of other gemstone ornaments are：　　**Average price：**
______________ Low ______________ high　　______________£

下列问题需要经理回答：
The following needs manager's reply：

10. 公司中业务人员数量（特别是营业员）
How many business staff in your company?

11. 每位员工平均工资。

The average salary of one staff is

____________________ ￥/month

12. 商场租金。

The fare of rent from Moe is

____________________ ￥/month

13. 平时销售折扣?

What is the discount on the prices in usual sale?

____________________ %

14. 每月销售额?

How much is the total money of sale every month?

____________________ ￥/month

15. 每月税负?

How much is the tax every month of your company?

__________ % __________ ￥/month

16. 公司珠宝首饰产品设计风格。

The design style of your jewellery products is

时间 Time: 调查地点 Location: 调查人 Name:

第四章　珠宝企业(公司)的创办与经营

第一节　珠宝企业(公司)的创办

国内有众多类型的珠宝企业，而与消费者联系比较直接的是珠宝销售企业，例如一些珠宝公司或珠宝专卖店。所以许多人关心一个问题：怎样开一个珠宝公司（珠宝店）？

目前国内珠宝销售的主要模式有三种：商场、珠宝专卖店、珠宝展销会，本章主要介绍如何开辟新的珠宝专卖店和商场中的珠宝专柜（图 4－1）。

图 4－1　中国地质大学（武汉）珠宝一条街上的珠宝专卖店

一、珠宝首饰专卖店的开办

珠宝专卖店需要国家相关行政管理部门审批，并按照规定进行纳税。所要申请的执照和受理部门在前文已经进行了叙述，具体办理程序见本章附录Ⅰ。

开设一家珠宝店，从最初的设想到前期的筹划直至开始运营是一个极为复杂的过程。经营者必须全方位的思考和制定开店规划，把每个细节都尽可能的考虑进去，并严格的按步骤执行。一个完善的规划和有效的执行方案不仅能够保证开店前期的工作有条不紊的进行，而且能够最大限度地避免后续经营的风险。

珠宝店开设之前要先考虑投资规模，包括两个方面：一是投资者本身拥有的资金和资源；二是市场容量，即投资规模不要大于消费者实际购买数量，否则容易产生积压。投资者本身拥有的资金和资源是很容易估算的，但是珠宝店开设区域的市场容量要靠市场调查来获得。另外，珠宝店开设的地点和周边环境也需要实地调查来完成，所以接下来的步骤就是市场调查和分析。虽然下述调查过程不是要求每一步必须完成，但是如果能够仔细深入地完成下述调查研究工作，就能极大地保证珠宝店开业的顺利进行，也提高未来经营成功的可能性。

（一）市场调查和分析

为了避免经营的盲目性，市场调查是首要的一步，并在市场调查的基础上进行分析研究。目前市场上已有专业的咨询公司，为企业和投资者提供此类服务，当然经营者若掌握市场分析的方法，也可亲自进行操作，既节省成本又心中有数。市场调查是一个极其细致的工作，其主要目的是了解目标城市经济和珠宝产业发展现状，对所在的市场环境做到心中有数，在未来的经营中做到有的放矢，争取最大的成功。

在调查中需要进行以下几个方面的工作，并获得相关数据。

1. 珠宝店所在城市状况调查

（1）人口状况

要掌握消费者对珠宝产品的需求特点，可以从目标城市人口状况入手，包括人口总数、年龄结构以及家庭总数和结构。掌握了目标城市人口的宏观情况，管理者可从中细分出潜在的目标消费群，珠宝首饰的主要消费群一般在20～50岁之间的女性，她们是珠宝消费的主体，而超过或者低于这个年龄的女性一般在珠宝消费方面比较淡化，所以需要调查所在城市各城区人口状况，然后计算出主要消费群20～50岁之间的女性的比例。以下提供人口调查表样（仅供参考）：表4-1。

以上所需数据可以通过走访城市统计部门、查阅城市统计年鉴而轻易获得，重要的是对这些数据进行分析，算出比例作为消费潜力的参考。

（2）居民人均收入状况以及珠宝消费群的职业特征

通过查阅城市统计部门工作年鉴、网络、报道等可得知城市人均收入，但要了解目标消费群收入状况、消费心理和购买行为习惯，还需有针对性地进行抽样调查，通常是采取问卷（表 4－2）的方式。

表 4－1　城市人口调查汇总表

调查时间：　　　　　　　　　　　　　　调查人：

所在城区	人口总数	人口年龄结构				家庭总数及结构		
		1～20 岁	21～30 岁	30～50 岁	50 岁以上	两口	三口	四口及以上
合计								

通过对珠宝店所在城市居民人均收入的调查分析，可以了解珠宝店目标消费群的潜在购买力，从而推测出可实现的购买力，了解消费者购买习惯有利于指导企业生产和销售活动；掌握目标消费群职业特征有利于珠宝店有针对性地开展宣传、促销活动。提供的调查样表如下（仅供参考）：表 4－2。

表 4－2　居民人均收入状况以及珠宝消费群职业、偏好调查问卷

调查人：　　　　　　　　　　　　调查时间：

1. 您从事的职业	A. 工人　B. 农民　C. 教育、卫生、文体、科技人员　D. 公务员　E. 个体业主　F. 民营企业主　G. 三资企业员工　H. 企业管理人员　I. 各类业务人员　J. 其他人员
2. 您的月收入	A. 500～1 000　B. 1 000～2 000　C. 2 000～5 000　D. 5 000～1 万　E. 1 万以上　F. 10 万以上
3. 您最能接受的首饰价位	A. 500～1 000　B. 1 000～2 000　C. 2 000～5 000　D. 5 000～1 万　E. 1 万以上　F. 10 万以上
4. 您通常购买首饰的类型	A. 戒指　B. 项链　C. 耳饰　D. 手链　E. 手镯　F. 其他 a. 纯金属首饰　b. 金属镶宝石首饰

（注意：请在所选项目上打√）

2. 珠宝店所在城市珠宝业现状调查

（1）所在城市珠宝产品销售额

了解所在城市珠宝消费总量及增长趋势有利于经营者把握目标市场发展潜力。珠宝产品销售额包括月销售额、年销售额。整个城市珠宝消费额可以通过有关政府统计部门获得，也可以通过该城市的珠宝协会获得，或者采用市场调查的方式获得大致数据。通常采用市场调查方式，程序如下：

获得某珠宝品牌月销售额→乘以所在城市珠宝品牌总数→获得城市月珠宝销售总额→乘以 12 个月→获得城市年珠宝销售总额。

注意：珠宝销售有淡季和旺季之分，所以为了使年销售额具有准确性，月销售额要分别采用淡季、旺季和平时三者之和的平均值来加以计算，可以提高年销售额准确率。通常珠宝销售旺季为新年前后至春节这 2～3 个月，5 月、10 月等，而销售淡季通常在旺季随后的一、两个月内，其余季节为平时季节。

而对于某珠宝品牌月销售额需要如下步骤进行统计：

某品牌上午、下午和晚上的销售额加总→该品牌一天销售额→乘以 30 或 31→该品牌的月销售额。

注意：在每个星期中，由于我们国家实行双休日，所以在每星期的 7 天里，珠宝销售也存在周末相对旺盛，平时工作日相对平淡这样的变化特点，因此，在一周时间里，进行销售统计时，分别对周一、周三和周六进行统计，并计算出平均值算作一天的销售额，乘以 7 天便获得一周的销售额，乘以 30 或 31 天便得到一个月的销售额。

提供的调查样表如下（仅供参考）：表 4－3。

表 4－3　所在城市珠宝产品日销售额调查表

调查时间：　　　　调查人：

		周一销售额（¥）	周三销售额（¥）	周六销售额（¥）
某珠宝品牌	上午：			
	下午：			
	晚上：			
日销售额（¥）	三天平均值 ＝∑（周一、周三、周六）/ 3			

（2）所在城市珠宝主要消费场所经营状况调查

“知己知彼，百战不殆”，了解目标城市珠宝主要消费场所的经营状况，便于管理者分辨出自己的珠宝店和产品的直接竞争对手，在经营过程中做到扬长避短。提供的调查样表如下（仅供参考）：表 4－4。

表 4-4　所在城市珠宝主要销售场所经营状况调查表

调查时间：　　　　　　　　　　　　调查人：

卖场名称	卖场位置	营业面积	卖场类型	所经营品牌	近三年销售额			产品类型	产品价位
					2004 年	2005 年	2006 年		

（注：卖场类型这里是指珠宝销售地点是专卖店还是商场；产品类型这里主要是指素金首饰还是镶宝首饰）

以上数据可通过实地访察获得。由于珠宝首饰中素金首饰和镶宝首饰资金占用和利润率不同，所以进行此方面调查十分重要。

（3）所在城市知名珠宝品牌调查

了解所在城市受消费者青睐的珠宝品牌情况，有利于自身品牌的塑造，同时也有利于珠宝店管理者明确竞争对手，为以后采取合适的竞争策略打下基础。提供的调查样表如下（仅供参考）：表 4-5。

表 4-5　所在城市知名珠宝品牌调查表

调查时间：　　　　　　　　　　　　调查人：

品牌名称	品牌产地	产品组合	主要销售方式	目标消费群定位	所在城市近三年销售额			产品特色	产品价位
					2004 年	2005 年	2006 年		

（4）珠宝店所在商圈调查

在对所在城市人口、经济及珠宝产业状况从宏观上进行调查了解后，还需要对珠宝店可能进入的商圈进行详细的分析，分析结果将成为珠宝店选址的重要依据。

商圈类型通常主要有八种：住宅区、商业区、金融区、办公区、文教区、工业区、娱乐区及综合区。考虑到珠宝产品特性及营销特点，珠宝店一般选择在商业区或金融区。当然也有例外，中国地质大学（武汉）所在地段离市中心较远，属于文教区，但在珠宝学院的品牌效应的推动下，在大学周围开有五家珠宝店，并已吸引了许多市民前来消费，成为武汉市著名的珠宝一条街。

商圈是否能够为珠宝店的发展提供好的小环境，取决于很多因素，其中该商圈消费群特征、该商圈规模及商圈内的基础设施、客流量、同业状况、相关行业状况、商圈的发展前景和社会治安状况七个因素尤为重要，下文将分别进行叙述。

①商圈消费群特征

在前文城市人口情况调查基础上，要对目标商业圈的消费群特征作详细调查，因为这些因素直接影响未来珠宝店的销售业绩。主要调查：人口数、20～50岁女性年龄比例、职业、消费习性（主要指经常购买珠宝的地点、品种和价位）。

②商圈规模及商圈内的基础设施

可以利用地图或者商圈平面图来获取信息，包括：街道名称和位置、主要公共设施、人口流动路线、主要珠宝卖场位置等。

在基础设施上，房屋构建合理，保持街道畅通，房屋内部水电要有保证，尽量不能出现在营业中断水断电现象，特别是断电，由于珠宝首饰的美观，需要强的光源照射才能显示出来，所以断电不仅影响珠宝销售，更带来安全隐患。基础设施的另一重要因素是交通是否便利，这是珠宝店需要认真考察的环节。

③客流量

人来人往的地方，当然是设店的有利地方，但并非只是人多的地方就适于开店，还要分析客流规律，首先要了解过往行人的年龄和性别，其次要了解行人来往的尖峰时间和稀少时间，再次要了解行人来往的目的及停留的时间，也就是客流量大的原因是由于路过还是逗留。比如客流量大的一类地方：步行街、商场和星级饭店等地方，人们逗留时间较长，可以在这些地方开店；而另一类流量大的地方：机场、火车站、汽车站和码头等地，虽然人流量大，但是人们忙于旅途，无心也无暇购买，所以这些地方不适合开珠宝店，而食品店则受欢迎。

尽管客流量很重要，但成功的重要因素在于潜在顾客的购买能力。同样是在人流量大的地方：机场、火车站、汽车站和码头等地，一定要开珠宝店，相信你也会选择机场，而不愿选择其他几个地方，所以在有些机场的候机厅里，有时你能看见珠宝柜台，如果那里还免关税，那么这种可能性就更大。

④同业状况

同一个商圈里同业之间既是竞争对手，也可优势互补，形成规模效应。珠宝店相对集中，它们可以相互影响、相互促进，形成气候。LV集团将其全球首间钟表珠宝专卖店设在香港赫赫有名的半岛酒店，其管理者直言在半岛酒店聚集了多家名贵珠宝店，选址在此更能突显品牌在珠宝界的地位。又如在北京王府饭店和国贸商城，同样是珠宝名店云集。

对商圈内的同类企业应进行更为细致的调查，调查内容应包括卖场名称、卖场位置、经营历史、营业面积、商品构成、主力品牌及品种、价格结构、售卖形式、装修风格、服务特色、广告宣传、促销形式、消费群体、店内设施等等。

⑤相关产业状况

在同一商圈里，相关产业之间会产生互动作用，带动整个商圈的人气。传统的珠宝店通常开在眼镜店旁边，虽然这一开店模式已经有些过时，但许多人愿意将珠宝店开在有眼镜、服装、化妆品等云集的地方，使消费者购买时能够在相同的地点有更多的选择，这也是目前为什么超市的生意很好的原因，世界500强排名第一的沃尔玛不就是这样成功的吗?

⑥商圈的发展前景

在调查中，不仅要了解商圈的现状，更要对其发展性进行评估，如城市对这一地区的发展规划、交通状况进一步改善的可能性，等等。这些方面进行深入的调查，为开店后的发展规划作好了铺垫。谁都不希望开业没有几年就因为要动迁而被迫停业吧?

⑦商圈内部及周边社会治安状况

珠宝店在所有的商业专卖店中，是最容易被抢劫、袭击和偷盗的对象之一。珠宝店在营销过程中是否能安全运营，会不会每天都丢东西，甚至被抢被绑架（通常人们认为珠宝店的老板富有），这些问题不是光靠多设立几个保安就能解决的问题。所以，珠宝店所在商圈或者商业网点的治安状况至关重要，要对此进行慎重考察。

(二) 店址的选定

在上述问题调查清楚的前提下，决定开设一家新的珠宝店，接下来就要选择合适的地点。

由于各个地区的商业环境不尽相同，在选址时也应注重调查，首先选出两到三个可供选择的店址，然后进行比对，比较各个店址的优缺点（包括店面大小、形态、可使用年限、店周围情况、人流情况等），确定最佳店址。如果待选店址不理想，则需重复以上流程。

确定地址之后，有两种方式获得店面：购买和租赁。采取哪一种方式取决于决策者的资金状况和房屋所有者是否愿意出售还是租赁。

1. 店址的购买

如果被选定的店址能够被购买，且开店人愿意承担这笔费用，则可以选择购买店址。购买店址的好处是：虽然一次性付了较大的资金，但是为以后的经营降低了成本和风险，不再有与房屋所有者谈判租金的问题甚至出租或者不出租的问题。而且作为固定资产投入，房屋本身价格的升值也为开店获利。这些取决于开店者的判断和选择。

选择店址购买时要注意以下几个问题：

(1) 购买店面时首先要注意所购房屋能否满足开店的需要，包括面积、形态、位置等。

(2) 购买店面时注意房产的价位以及升值空间，通常沿街的店铺价位在每平方米 5 000～20 000 元人民币，当然个别地方例如北京王府井附近，可以达到 5～10 万元/m^2。通常商铺用房单价是居住用房单价的 5 倍左右，再高出许多就要仔细考虑和考察。

(3) 购买店面时注意两证是否齐全。购买的房屋要求有房产证和土地证，所以要让出售者提供，并去相关单位办理过户手续；如果是新房销售，则出售人要出具房屋预售许可证才能购买。

2. 店址的租赁

如果店址选择租赁，除了考虑房屋是否适合开店之外，更重要的一条是租金是多少，要进行预算，在预期珠宝店利润的基础上，加上这部分成本，看是否可以承受；另外重要的一条是租用年限，因为新开的珠宝店还需要一段时间让消费者熟悉的过程，所以如果租期太短，则会蒙受损失，通常租赁店面的时间最少不能少于 3 年，一般 5 年以上比较合适。

(三) 店面的装修

在店址选定并获得实用之后，接下来的工作便是进行装修。装修时首先要选定好的装修公司（装修过商场和商铺的公司），进行谈判，并让装修公司提供装修设计三维立体彩色图，可以帮助你想象装修完毕后是什么样子。装修的过程中最重要的是注意未来房屋的防火防盗能力。符合珠宝店装修的风格和原则一般遵循：富贵、高雅、亮丽。另外，要突出与众不同，更应当突出个性化，并通过柜台的布局与装修表达本公司的经营理念。布局的最佳效果应是：让顾客看一眼便难以忘怀，而且给人寻味，给人信心，给人欲望。珠宝店内设施应包括：

入口处：迎宾垫、伞架、POP 广告张贴牌。

卖场：陈列设施（柜台、托盘、模具等）、凳子、装饰物（契合产品的主题，注意色调和材质的选择）、灯具、视听设备（播放产品广告、背景音乐）、POP（Point of Purchase）海报、空调。

收银台：收银机、验钞机、计算机、电话、刷卡机（如果是银联约定的商家)。

经理办公室：办公设备。

店员休息区：座椅、员工私人带锁储藏柜、店面清洁设施。

店外设施包括：珠宝展示柜、招牌、引路牌、外打射灯、广告灯箱、特色路面或台阶。

(四) 开业前的准备

装修工作开始后，可开始购置以下物品，为专卖店的顺利开张做准备：

计算机、传真机、复印机（如需要）、电话、办公用品（纸、笔、账本、文件夹、计算器）、公章、保险柜、柜子；

需要印制的物品包括：名片、信签、信封、礼品带、宣传册。

除上述物资准备外，需要筹备事项包括：

(1) 在可靠的银行开户；

(2) 若打算接受信用卡付款，与有关银行接洽，安排信用卡设施的装置等事宜；

(3) 开始招募员工（珠宝店店长、店员、收银员、保安、业务员）；

(4) 安排员工培训；

(5) 确定开业庆典方式，如有需要，开始联络地方媒体和政府有关部门；

(6) 申请电话线、网线（如有必要）；

(7) 购买开业所需物品。

(五) 开业仪式

开业仪式象征着珠宝专卖店的诞生，是商家广做宣传、树立产品形象的大好机会，也是考验员工是否能够提供到位的服务、并进行迅速调整的时机，因此应充分重视开业仪式。

开业应选择合适的时机，通常在销售旺季前 4 周为佳。例如：4 月初、9 月初、11 月初。而筹备进货的时间则要选择淡季进行，以降低采购成本。

开业仪式一般分为公关式开张和促销式开张。

公关式开张，顾名思义是以公关为目标的，隆重的开张仪式是较大型的公关活动，可使公司品牌成为瞩目焦点，制造一定的宣传效果。可考虑：邀请当地名流为贵宾；邀请知名人士主持开业仪式；邀请当地主要媒体采访；配合开业典礼在当地主要报章刊登广告；安排开张酒会与助兴节目；安排赠品送给与会来宾。

促销式开张是以销售为目标的，借开张之机举行酬宾活动，刺激消费，具体促销方式与内容应视市场情况而定。

以上五个方面是新开一个珠宝首饰店的必要环节，仅供参考。

在每个环节中，考虑的越周到，将来遇到的问题就越少，所以，建议那些即将筹备和准备开店的未来珠宝企业管理者们，能够认真思考，工作细致，使自己精心构建的大厦永远屹立。

二、大型商场珠宝首饰专柜的开办

与珠宝首饰专卖店的开办有所不同，在商场中进行珠宝销售，在管理上相对珠宝店来说要简单，例如：在商场中销售不需要配置保安人员，而在珠宝店则是必不可少的；在商场中销售，商场要有利润（提成或者租金），在珠宝店中销售的利润可以全部归店中所有；在不同的地方，有的城市中的消费者愿意去专卖店买东西，而有的城市中的消费者愿意去商场购物等等。

在进入某地区或城市的商场进行珠宝专柜销售前，首先也要做市场调查，内容包括如下（前文所叙述的市场调查内容仍然可以参考）：

（1）一个城市有多少商场（包括商场特点，如地理位置、人流量、商品档次等）?

（2）每个商场有多少个珠宝品牌（包括其知名度、专柜规模等）?

（3）每个品牌大概月、年销售额是多少?

（4）销售的主要宝石的品种、质量、价位?

（5）商场是收租金还是收扣点，分别是多少?

（6）商场平时打几折销售?

（7）进场费用和营业员工资水平?

在上述问题调查清楚的前提下，可以获得如下基本信息，该城市中哪一家商场销售最好，通常收租金的商场不如收扣点的商场将来会给珠宝公司带来更大的利润，哪家商场的哪个位置销售最火暴等。并可以通过调查的数据进行计算和论证，可以预期未来的成本和利润（详见本书第三章第三节）。

1. 进入商场销售的申请程序

首先，要进入商场通常要求珠宝企业具有一般纳税人资格，没有这种资格的公司或个人可以通过加盟的方式获得办理进入商场的合法证件，主要包括：企业法人营业执照、税务登记证（地税、国税）、组织机构代码证、开户行及账号，公司宣传资料、公司委托函（代表公司进入某商场的证明）等。其次，在上述证件齐全的情况下，要在即将进入的商场的招商部门登记备案，同时更重要的是能得到商场总经理的认同，这些措施为最终进入商场打下基础。

2. 进入商场后的柜台装修和珠宝首饰货品存放和摆设

经商场同意并办理完进场的全部手续（包括交纳押金、可能还有进场费等）后，商场会要求珠宝公司进行柜台装修，通常施工要在夜间进行，防止白天影响商场营业。装修有两种方式：由商场负责，珠宝公司付账；另一种是由珠宝公司负责，最终要商场验收合格方可。

柜台的装修要找有商场装修经验的公司进行，一般装修费用根据面积和使用材料不同而不同，通常在2～10万元人民币，有的甚至在20～100万元。具体装修的要求可以参考该商场其他的正在销售的品牌，也可以参考本文第六章的部分介绍。

在装修完毕后，珠宝首饰要摆放在柜台里才能销售，而且珠宝首饰的陈列和摆放有许多窍门和学问（详见本书第六章）。

每天商场关门送客时，待所有消费者离开商场，商场关闭了大门保证安全后，珠宝专柜营业员需要将货品盘撤离柜台，并放到商场专用的保险箱里。

3. 进入商场后的销售人员配置

珠宝销售是靠人来完成的，所以珠宝柜台前一定要有营业员。对于营业员的招聘通常有三种方式：一是珠宝公司自己招聘；二是由商场指派；三是前两者结合，这取决于商场的要求。对于营业员的具体管理见本书第四章。

4. 进入商场后的珠宝首饰价格管理和资金结算

珠宝首饰在销售前已经标注好了价格标签，对于珠宝首饰定价问题，可以参考同商场其他珠宝品牌，也可以参考本书第五章。

珠宝商品销售完毕后，要进行资金结算，商场要扣除一部分利润，并可能还会扣除相关一部分费用，如广告宣传费等，剩余的部分归珠宝企业或公司拥有。珠宝企业必须提供所销售商品的进项税票，商场要向税务部门交纳销项税，随后商场会将货款发往当时进场时指定的银行账户。

总之，在商场中销售珠宝商品，可以极大的增加销售额和市场占有率，对于不同的商场最终每个珠宝企业的利润率不同，一方面取决于珠宝企业或公司的成本；另一方面决定于商场的销售情况和商场回扣。对于在某个商场进行销售的利润率计算，可以参照本书第三章。相比较来说，在商场中销售珠宝首饰是一种非常好的模式，随着销售商场的数量增加，珠宝销售额也会成倍增加（如果选择的商场都有好的销售业绩情况下），这对于珠宝企业来说无疑是幸运之事。

第二节 珠宝企业(公司)市场切入的方法

创业者开创珠宝企业，要能够使业务稳定增长，提高利润，才能使刚刚创立的企业（公司）能够立足并开始发展，因此，市场切入的方法非常重要。一种产品要能令市场的消费者广泛认识，就要利用适当的方法主动出击，把产品或服务的意念带给消费者。例如，各种展销会，或推销员在商场内举行产品展览，并向参观者解释产品，甚至游说参观者立即采取行动。通过各种方式、意图，令消费者相信他们正需要这种产品或服务，让他们采取购买行动，这是商业极需要的行动。

企业决策者面临最重要的任务是如何进入市场的问题，这也是企业营销管理的重要策略，没有固定的公式。以下介绍一些成功企业的策略供参考，是否具有普遍意义，还要看不同的市场环境和企业环境。

一、点、线、面三点进入法

这一策略是德国福德汽车公司有名的市场开拓方法。假设某企业选定某一目标市场，并确定其为最后攻占的目标区域，具体的进入方法是：首先，实行点的占据；其次，在第一个点的营销活动取得相当成功后，再在目标区域附近另选第二个点；再次，线形成后，再选一个第三点，此点应能与第一、第二点形成对目标区域包围圈，这样营销面积便告形成。在面形成后，还要设立第四点，此点应放在目标区域的中央，这是一个非常重要的点。一些珠宝公司在进入某个城市或地区进行销售时，经常采用这一方法，先在一个商场站稳脚跟，然后扩大到一个区或整个城市。

二、寻找市场机会进入法

美国菲利普、考特勒等三人合著的《新的竞争》一书，对日本在国际营销中的成功经验作了详细研究，从而提出寻找机会进入市场的五种具体方法。

1. 寻找现成的机会

在选择好要打进去的目标市场时，要先找那些“被人遗忘”的细分市场，在这些市场站稳脚跟后，再进一步扩大市场。在珠宝行业中，将市场进行细分后也有可以选择进入的市场或消费群，例如：极端肥胖的人所佩带的首饰，少数民族首饰等。这些市场国内的珠宝公司很少涉足，便可以作为进入珠宝市场的切入点。

2. 创造新机会

这是指不是“依样画葫芦”地模仿别人的产品，而是要通过自己的研制和创新，以创新姿态出现在目标市场上，给消费者新奇的感受，刺激求新的心理需求。珠宝企业常采取的是珠宝款式上的创新来实现这一方法，但也可以尝试销售不同品种或品质的宝石，或者提供不同的服务来创造市场机会。

3. 实行创造性的推销

任何产品都有技术性突破，进入一个新市场也不是以全新产品为唯一因素，有时也可以对某些产品加以部分改进，就能提高市场营销能力。

4. 适应和改变顾客的爱好

进入市场不仅要知道这个市场的消费者需要什么，爱好什么，也可以创造出需求，通过广告宣传来改变顾客的爱好，或树立新的消费观念。

5. 了解竞争者和向竞争者学习

日本一家公司把竞争对手生产的自动洗碗机搬进自己的实验室，对这台洗碗机的性能、零件的数量、成本结构等一一加以评估，并对每一零件进行测定，确定其设计上的优点，了解竞争对手的技术能力、生产设备和销售系统。在了解与掌握对方具体情况的基础上，设计出性能更好的产品，这就为进入市场创造了良好条件。总的来说，要拓展市场就要寻找进入市场的机会，而寻找机会则要求企业家具有观察力、综合分析力和想象力。这种剖析别人的方法，不仅包括产品、人员、营销甚至管理都可以进行，珠宝公司就经常会剖析对手的销售和装修风格，并对自己进行改进，来实现竞争优势，所以消费者时常见到珠宝柜台重新装修而带来的耳目一新的感觉。

三、一点集中进入法

这是游击战中常用方法，也适合市场营销进入策略的运用。

在有多个目标市场的情况下，先选择其中一个，将所有销售能力集中起来，在短期内提高营销实绩，这有利于提高企业内部的信心和企业的影响力。一点集中法的关键在于如何选点，选的不好，会造成人力、物力、财力、时间的损失，甚至可能造成“出师未捷身先死”的局面，使产品夭折在刚铺开的新点上。

企业的财力相对来说都是有限的，在目标市场选择时，一定仔细分析和研究，确保消费者对本公司的珠宝首饰具有偏好，才能最终进行计划和决策。

四、市场领袖进入法

这是一种利用市场领袖的影响力而进入市场的方法。

现代市场商品种类繁多，新产品日新月异，广告宣传花样翻新，消费者对产品的质量、效能要求难以判断，只能寻求专业人员、学者或具有权威性的机关、团体的帮助，听取他们的意见。这种在消费者心目中具有重要影响力的个人或单位，我们称之为市场领袖。

市场领袖大致包括三种类型：

（1）管理与大众传播单位；

（2）直接影响人；

（3）间接影响人。

珠宝产品在进入市场销售前，首先通过珠宝检测部门开具证书，这便是一种令顾客信赖的方法，除此之外，请市场执法单位或专家、名人、艺人等进行现场评说，现场咨询以及媒体发布，都可以是进入市场的方法。

企业在拓展和进入市场时，要注意发挥市场领袖的如下作用：

（1）分析与预测产品发展趋势；

（2）通过各种形式解释产品的性能、用途，提高消费者的认知度；

（3）利用市场领袖本身的威信，发挥其专业影响力；

（4）通过市场领袖听取市场信息反溃；

（5）虚心听取市场领袖意见，改进营销工作。

五、广告宣传先行进入法

在打进市场的早期阶段，通过广告宣传争取第一批顾客是十分重要的。如何加强商品推销宣传？首先，要加强与批发商和经销商合作，或是配合他们，从侧面起掩护作用，或是联合广告宣传，实行联合正面进攻；其次，加强对企业与商标的宣传，通过大力宣传自己的商标，树立企业的形象，给消费者以好感，这与认识新朋友一样，先打招呼，给人以良好的第一印象，然后再接触实际问题。

珠宝企业在广告宣传方法上目前力度不大，常见的广告主要是香港一些珠宝品牌或者 De Beers 的一些钻石广告。实际上，广告给珠宝消费带来的巨大影响是不容忽视的。

第三节　珠宝企业（公司）的经营

珠宝企业（公司）在建立初期，可以选择不同的经营方式。可以自己单独经营，也可以在发展到一定程度后，进行连锁经营；或者借助别人的品牌优势，进行加盟来经营。本节主要介绍这方面相关的知识。

一、连锁经营和特许经营

连锁经营和特许经营自 20 世纪 80 年代末 90 年代初传入我国，并取得长足的发展，随着我国鼓励私人投资和企业改革力度的加大，这些经营方式会逐渐焕发新的生命力。

(一) 连锁经营

1. 连锁经营的概念及特征

连锁经营是指在核心企业或总店的领导下，由分散的、经营同类产品或服务的企业，通过规范化经营，实现规模效益的经济联合组织形式。其中的核心企业称作总部、总店或者本部，各分散经营的企业叫做分店、门店或成员店。

连锁经营的基本特征体现在以下几个统一：

①统一经营战略；②统一企业识别系统；③统一进货；④统一配送；⑤统一价格；⑥统一管理；⑦统一商品组合服务；⑧统一广告宣传。

2. 连锁经营的方式

我国政府 1997 年发布的《国内贸易部连锁店经营管理规范意见》中将连锁经营方式分为三大类：

(1) 直营连锁（Regular Chain，简称 RC）

狭义的连锁店就是指 RC，是指由公司本部直接经营投资、管理各个零售点的经营形态，此连锁形态并无加盟店的存在。我国的《连锁店经营管理规范意见》第四条第一款第一项中指出，直营连锁是指连锁店的门面均由总部全资或控股开设，在总部的直接领导下统一经营的一种经营模式。例如：许多超市便使用这一方式，我国许多珠宝店也采用这种方式经营。

直营连锁最大的优势在于总部强而有力的控制力，直营连锁的劣势在于其缺乏效率。同时，在资金方面，其所需资金，亦将随着零售点的扩充而增加，对经营者而言，这无疑是一项沉重的负担。

(2) 特许加盟（Franchise Chain，简称 FC）

是指由拥有技术和管理经验的总部，指导传授加盟店各项经营的技术经验，并收取一定比例的权利金及指导费，此种契约关系即为特许加盟。我国的《连锁店经营管理规范意见》第四条第一款第三项则把它称为特许连锁（或加盟连锁)，是指连锁店的门店同总部签订合同，取得使用总部商标、商号、经营技术以及销售总部开发商品的特许权，经营权集中于总部的一种经营模式。FC 加盟店的例子在世界各国都可以见到，例如麦当劳、肯德基等，国内部分名牌珠宝公司，如兆亮珠宝、达尔曼珠宝等也接受这一经营方式。

特许加盟经营的最大优势就是“效率”，即效率比较高。由于店面经营成果属于加盟主本身，故加盟主为了获取更多利益，必定全力以赴，再加以总部提供的运作技术转移，可以减少许多不必要的摸索，二者合而为一，运作效率较直营连锁大为提升。而特许加盟的劣势，主要在于加盟店对总部的守法及坦诚度。

(3) 自愿加盟（Voluntary Chain，简称 VC)

即自愿加入连锁体系的商店。这种商店由于原已存在，而非加盟店开业伊始就由连锁总公司辅导成立，所以在名称上自应有别于加盟店，为了区分方便起见，称为“自愿加盟店”。我国的《连锁店经营管理规范意见》第四条第一款第二项称之为“自愿连锁”，是指连锁店的门店均为独立法人，各自的资产所有权关系不变，在总店的指导下共同经营的一种经营模式。其最大的优点是风险较小；劣势在于加盟店之间差异大，较难维持一致的形象。

下面对上述三种经营方式进行对比，见表 4-6。

表 4-6 连锁经营方式比较表

项目	直营连锁（RC）	特许加盟（FC）	自愿加盟（VC）
决策	总公司	原则上总公司为主，加盟店为辅	参考总公司决定，较 FC 有更多决策权
资金	总公司本身	加盟店（与总公司无关）	加盟店（与总公司无关）
经营权	非独立	独立	独立
店铺经营者	总公司任命店长	独立店主	独立店主
市场占有	因新店开发而扩大市场	因新店开发和既存店加盟而扩大市场	因既存店加入而扩大市场
开店速度	受限于资金等条件，比 FC、VC 慢	可以迅速开店	可以迅速开店
商品供给来源	经由总公司	经由总公司	自己进货为主
价格控制	总公司规定	由总公司规定或推荐	自由
营业终止	总公司决定	自由	自由
促销	总公司统一实施	专门人员巡回指导	专门人员巡回指导
相互关系	完全一体	经营理念共同体	任意共同体
利润归属	总公司	总公司与加盟店分配	加盟店
加盟店的自主性	无	少	多
总公司的支援	完全支援	多	以指导的立场
加盟店的人事权	属总公司	属加盟店	属加盟店

引自：陈莞，陈东主编《管理方法》

对于直营连锁、特许加盟、自愿加盟这三种连锁经营形态，决策者在决定采取何种时，必须依照当时的现实环境及自身能力加以评估，然后选择适当的运作方式，这样才能做到企业经营方式的最优化。珠宝企业可以根据自身的条件和市场情况，经过细致调查分析后选择其中一种或者几种模式进行经营，通常对于有实力的公司可以采取直营连锁，对于刚涉足珠宝行业的公司可以采取特许加盟，而对于已经经营若干时间并想借助更知名的品牌拓展业务的珠宝公司，则可以采取自愿加盟的形式。

3. 连锁经营的原则、条件与方法

(1) 连锁经营的原则

每一个成功的连锁企业都有自己的一套经营管理准则，但从这些企业的所有准则当中，可以明显地看出有四个原则是所有这些企业应特别注意的。它们是：①品质：连锁企业本身的质量、品牌等。②服务：相互间的互助互利。③公平：连锁企业之间各个方面比较一致协调。④价值：连锁经营有利可图，值得努力。

(2) 连锁经营的条件

连锁事业是由不同的个体，各自发挥专长相互结合而成的一种运作事业，其中运作技术的发展、管理系统的健全化、观念思考的启发等，是截然不同于一般企业经营的，要发展加盟连锁，必须具备以下三项条件：

条件一：一套可以运作自如、却不易被抄袭的技术系统，是连锁经营的根本。

条件二：建立完整的后勤支援系统，这是竞争的最大本钱。

条件三：建立长期研发机构，掌握消费趋势。

实例一：美国将连锁加盟分为两大类：一种是“商标商品连锁加盟”(Product and Trademark Franchising)，简称 P&T 型连锁。这是一种传统的连锁加盟形态，加盟店和加盟总部的关系有如经销商或代理商。另一种是“经营模式特许经营连锁加盟”(Business Format Franchising)，简称 BF 连锁。这种连锁被称为“第二代特许经营”，它不仅要求加盟店经营总店的产品和服务，而且加盟店的商店店名、商标、经营标准、产品和服务的质量标准、经营方针等等，都要按照总店的全套方式进行，亦即加盟店购买的不仅仅是商品的销售权，而是整个模式的经营权。

(引自：何春凯，发荣. 连锁致胜. 广东：广东旅游出版社，1999)

实例二：金象珠宝加盟条件：拥有必要的经营资源，投资规模在 60 万元人民币以上（包括加盟费、装修费、基本存货、前期筹办及必要的流动资金），社会信誉良好；加盟经营专柜不得低于 20m^2，专卖店不得低于 50m^2；拥有一定的市场开发能力，具备诚信的经营作风和对金象经营理念的认同；加盟店的装修、柜台店堂布置以及店面招牌、店内 POP、饰品等必须符合金象统一的 VIS 要求，并由公司总部统一设计、加工；品牌加盟店工作人员统一接受公司的培训，遵守公司相关章程、规定，穿戴公司统一识别的服装、工牌；须于签订加盟协议书同时交纳相应品牌加盟金（有效期：3 年）和品牌保证金。分年度支付一定的推广费用和广告费用。

上列细节仅供参考之用，金象珠宝与贵公司一切特许加盟关系之权利与义务及一切合作条款均以双方签订之特许加盟协议为准。

（引自：17828 连锁加盟平台，http：//www.17828.cn/catenation/show）

(3) 双向选择的方法

连锁经营在发展过程中，加盟者如何选择总部和总部又如何选择加盟者呢？

加盟者在选择总部的过程中，应建立有关对总部的评估表，即要对总部有一个彻底的了解，主要是从连锁加盟店的产品和服务、行销规划、加盟店与总部的关系、加盟总部的经营绩效与现状、开店条件、加盟者的自我评估等方面进行评估。同样，总部在选择加盟者时，应考查加盟者本身条件，加盟店铺的基本条件，资金及营运状况、其他辅助条件，并据此建立一张评估审查表，以作为对加盟者的评估与审查。

（二）特许经营

1. 特许经营概念及特征

特许经营（英文 Franchising 的汉译）是指特许者将自己所拥有的商标(包括服务商标)、商号、产品、专利、经营模式等，以特许经营合同的形式授予被特许者使用，被特许者按照合同规定，在特许者统一的业务模式下从事经营活动，并向特许者支付相应费用的一种经营模式。

根据这一概念，特许经营有以下特征：

(1) 范围广，渗透力强。

(2) 扩张速度快，成功率高。

(3) 国际化、集团化。

(4) 集资方便。

(5) 降低投资风险。

(6) 减轻人力负担。

(7) 规模扩张迅速。

(8) 冲破区域壁垒。

2. 特许经营类型分析

特许经营其实质就是包括专利、商标等各种知识产权在内的无形资产由特许有偿转让给受许人的一种方式。根据不同的标准可以将特许经营分成不同的类型（表 4－7）。

(1) 按特许人与受许人的身份，可以将特许经营区分为：制造商和批发商、制造商和零售商、批发商和零售商、零售商之间四种类型。

(2) 按特许权授予方式，可以将特许经营分为：一般特许经营、委托特许经营、发展特许经营、复合特许经营。

(3) 按特许内容，又可以将特许经营分为商品商标特许经营和经营模式特许经营。

表 4-7　特许经营类型及其特点

分类方式	类　型	特　点
按特许人与受许人身份分类	制造商和批发商	制造商指定受许人按要求分销最终产品
	制造商和零售商	制造商为解决销售问题而建立了特许经销网
	批发商和零售商	与上一类型相似，制造商换成了批发商
	零售商之间	即业务模式特许经营
按特许权授予方式分类	一般特许经营	常见类型，总部授予特许权，受许人交费使用
	委托特许经营	总部授予代理人特许权，由代理人负责地区的特许权授予
	发展特许经营	加盟者在购买特许经营权时也购买了在一定区域内再建分部的特许权
	复合特许经营	加盟者取得一定区域内的独占特许权授予权
按特许内容分类	商品商标型特许经营	制造商为名牌化产品寻找销路，授权加盟者进行商业使用的权利
	经营模式特许经营	加盟者要按总部的全套经营模式进行经营

引自：陈莞，陈东主编《管理方法》

3. 企业如何借助特许经营实现扩张

企业要通过特许经营实现扩张，首先要做的第一件事就是制定比较完善的特许经营计划，对自己企业实行特许经营体制的可行性进行认真而谨慎的分析和研究，特许经营可行性分析一般包括如下内容（表 4-8）。

表 4-8　特许经营的可行性分析

简介	概括总结特许经营可行性研究中所包含的信息
前言	描述特许企业的现状与发展状况
营销管理	产品、地点、目标市场、定价策略、促销和广告
管理组织	人力资源管理的政策和实践；相关的政策与工作程序；组织结构
财会，税收	说明有关特许组织的财会制度的建立，财会部门人员安排与工作制度的建立
法律、政策	业务结构、契约、许可证、特许合同、双边法律关系

引自：陈莞，陈东主编《管理方法》

企业在做出详细的计划和设计后，就可以着手建立自己的特许经营组织了，主要步骤如下：

第一步是试点经营，主要是为完成以下功能：①检验和发展特许制度的生命力，促使消费者从内心接受它。②确定可能出现问题的领域，以便特许人找到相应的解决方法。③使特许能够发现对分支店内外装修的最佳方法。④可获得实际经营经验和不同类型地点的经营潜量方面的认识。⑤从试点经营中可发展出最具效率的财会制度、存货管理和控制方法等。⑥为制定一本详尽全面的操作手册提供基础。

第二步是在成功的试点经营基础上制定特许权组合。其中首先要做的是选择设立分支店的地点，在进行选择时，应从以下五个方面来考虑：街道类型、环境、客流量、营业场所特征的展示程度（即其特征是否容易被消费者识别）、区域设施的影响。依上述五个方面进行了地点的选择之后，应对该地点进行评价，评价可依下列原则进行：

（1）场所的大小是否能在摆放所有必需的家具、设备后还有足够的营业面积；

（2）场所内是否有必要的公共设施服务；

（3）获得此场所需支付的租金或其他支出；

（4）租用此场所的条件；

（5）根据试点经营中的经验，对获得下列各项的可能性和费用进行评估：①建筑计划的审核同意；②通过防火标准验收。

在确定营业地点之后，就可以与场地所有者签订租赁协议。然后，针对各种不同场所的实际需要，提出自己的设备计划、规格和组合的标准，并对商店的装饰提出具体意见。同时，特许人应建立培训时间表和培训设施，明确受许人及其员工的培训要求、课程的长度及培训内容。一般培训时间不宜太长，但标准一定要高。

第三步是操作手册的制定。手册包含以书面形式提供的经营特许业务的详细方法，包括日常经营业务所需的各个细节方面的指导资料。

第四步是营销特许权，即特许人将特许权推向市场并设法把它推销出去的过程。特许人适当做些广告是必需的，但在做广告之前应先进行调查，了解各方面的信息。通常，特许人应根据各自的具体情况开发出一套行之有效的营销特许权的程序。

最后是选择受许人。在选择受许人时，应注意以下各点：①特殊交易，即一些新的特许人通过给予特殊交易的方式吸引那些并不符合其标准的人为自己的受许人。这样会给特许体系的发展带来严重问题。②财力，即受许人在开始时应有与其从事的经营业务相适应的资金。③组织受许人，即社会组织（如企业、公司等）作为受许人。一般来说，特许人最好不要选择大组织当受许人。④健康，即独立的受许人应身体健康，以便能承受高强度的工作。⑤经验，虽然大多数特许人都不要求受许人有实际工作经验，但有些特许人则认为有经验的受许人比无经验的更易沟通和培训。⑥婚姻状况，大多数特许人认为已婚受许人在某些方面更成熟、稳健，因而更能经营好加盟店。⑦独立性，潜在的受许人必须要有较强的独立性，能进行各种决策和日常管理工作。⑧信任，即特许人与受许人之间的相互信任非常重要。⑨组织能力，即申请人应具有一定的组织能力。⑩和睦相处，即特许人与受许人之间的相互适应和相互尊重，对双方来说是成功的关键。⑪最后决策，即特许人只有在对申请人全面审查评价之后，才能确定是否选其作为受许人。

总之，当企业在经营定位时准备采用特许经营方式，它应怎样开展工作可按下面的方式逐步进行：

首先应进行特许经营的可行性研究，主要从营销管理、管理组织、财会税收、法律政策等方面进行调研，然后进行试点经营，有了成功的试点经营之后便可制定特许权组合的开发工作，接着可以制定操作手册，然后考虑如何把自己确定的特许权销售出去，最后选择受许人建立特许组织。

二、经销、代销和代理

随着商品经济往来的日益频繁，社会生活日趋广泛和复杂多样，尤其是商品交换关系的高度发达，企业在生产经营和商品流通的整个过程中不可能也无须事必躬亲，因此企业在选择实现自己经营目标时，往往从成本核算和自身经营状况的考虑，而采用那些既成本低廉又切合自身实际的经营方式和经营渠道。许多珠宝企业在生产的同时，选择代理可以极大地节省拓展销售空间所耗费的人力、物力和财力；而非生产企业则可以通过经销、代销获得巨大销售利润的同时，避免生产过程所付出的巨大代价。因而无论对于珠宝的生产者和销售者来说，都是双赢的，所以经销、代销、代理制度的出现和极大发展，正是适应了社会生产力的需求，满足了社会经济生活的需要。

（一）代理

代理制度是商品经济发展的产物，它是因商品经济的需要而产生并随着商品经济的发展而发展起来的。在商品经济发展的今天，越来越显示出强大的生命力和灵活的适应能力。

1. 代理的含义和特征

我们这里所称的代理是指代理人在代理权范围内，以被代理人的名义同第三人独立产生民事法律行为，由此产生的法律效果直接归属于被代理人的一种法律制度。为了说明代理的基本特征或代理的构成要素，借以区别于其他类似的民事法律行为，我国法律一般以代理人的活动为中心将代理概括为下列特征：

（1）代理人须向第三人为意思表示

即代理人进行以设立、变更、终止民事权利义务为目的的意思表达。这使代理行为区别于其他委托行为，如代人保管物品、代人照看小孩等，虽然都是受人委托，但不以对第三人为意思表示，所以不是代理行为。

（2）代理人须以被代理人名义为意思表示

因此，非以他人名义进行的行为，不属于代理行为，如信托等行为是行为人以自己名义为意思表示，其法律后果又是自己承担，故不属代理行为。

（3）代理人应在代理权限内独立为意思表示

非独立为意思表示的行为，不是代理行为，如传达行为是传达人传递他人已经做出的意思表示或其他语言信息，不能独立为意思表示，因此它们不是代理。

（4）代理行为的法律效果归属于被代理人

在代理关系存续期间，代理人所实施的一切代理行为，如同被代理人自己所实施的行为一样。这一特征使合法代理行为与无效代理行为，冒名欺诈行为和侵犯公民姓名权、法人名称权的行为明显区别开来，这些行为都不会产生法律效果归属于委托人、被冒名的公民法人的后果。

鉴于以上分析，概括地说，代理关系涉及三种关系：被代理人对代理人的关系，这是代理权关系；代理人对第三人的关系，这是代理关系；第三人对被代理人的关系，则为法律效力归属问题。

2. 商务代理概述

（1）商务代理含义、种类

企业在经营过程中涉及的代理一般主要是指商务代理。所谓商务代理，是指代理人为被代理人代理商品买卖及有关事宜，收取佣金的盈利性经济活动。

商务代理亦可根据不同情况划分为不同种类：

①根据代理商代理权限的大小，可将商务代理分为独家代理、一般代理和总代理；

②根据代理商代表的对象不同，将代理分为生产代理、销售代理和采购代理；

③根据代理商销售或采购商品的程度，将代理分为批发代理和零售代理；

④根据代理商是由委托人选任还是代理人选任，将代理分为一级代理与二级代理。

(2) 代理商概念及其优势和功能

代理商是指接受制造商或销售商的委托授权，代为购买或销售商品，并根据实际购买或销售额的大小，按比例收取佣金的个人和商业企业组织。

代理商具有许多其他经营方式所不具有的优势，主要有：

①代理商熟悉当地市场情况，与各种客户有着良好的关系；

②代理商通常拥有一定的销售途径、渠道和网点；

③代理商根据商品推销额比例公平合理地收取佣金，使生产者乐于接受；

④代理商能够通过向消费者提供满意的产品和优质服务以吸引客户；

⑤代理商具有较丰富的产品知识和营销技能，有完成销售业务的优势和能力。

由于代理商的颇多优点，决定了它在社会经济生活中能够体现出以下这些功能：

①降低、减少流通费用；

②开拓、占领新市场；

③避免、减少商业风险；

④保持、扩大市场占有率。

3. 代理权的行使

(1) 代理权行使的一般要求

代理商行使代理权时，必须遵循以下基本原则：

①行使代理权，必须符合被代理人的利益；

②行使代理权，必须尽到职责所要求的谨慎和勤勉。

(2) 代理权的滥用

代理权的滥用是指代理商违背代理权的设定宗旨和代理行为的基本准则，有损被代理人利益的行使代理权的行为。其主要有以下三种情形：

①代理他人与自己进行民事活动。如：甲公司委托乙公司为其代购设备，乙公司以甲公司的名义，与自己订立合同，把自己的设备卖与甲公司。这种行为，非得到甲公司的事前同意或事后追认，法律不予承认；

②代理双方当事人为同一民事行为。如：甲公司受乙公司的委托购买汽车，又受丙公司的委托销售汽车，甲便以乙丙双方的名义订立购销汽车的合同。此种行为，若无双方当事人的事前同意或事后追认，也应无效；

③代理人和第三人恶意串通。如：甲代理乙采购原材料，甲与丙订立合同时，私下约定提高价格，丙将提价所得的额外收入分给甲若干，从而使乙因多支付价款而受损失。此种情况下，应由代理人和第三人负连带责任，赔偿委托人的损失。

(3) 无权代理

无权代理是指没有代理权的代理，即具备代理行为的表面特征，但是欠缺代理权。主要有以下三种情况：

①代理商未经授权而以委托人名义进行经济活动；

②代理商的代理行为超越了代理权限；

③代理权已终止后，代理商仍以委托人名义进行经济活动。

以上三种行为一般为无效民事行为，其所产生的法律后果由代理商自行承担。但在下列两种情形可为有效：

①委托人事后对代理人的无权代理行为予以追认；

②存在有表见代理的情形。所谓表见代理是指对于无权代理人的代理行为，善意相对人有理由相信其有代理权，因而可以向被代理人主张代理的效力。

在我国表见代理的发生，主要有以下几种情形：

a. 委托人以书面或口头形式直接或间接地向第三人表示以他人为自己的代理人事实上并未授权。第三人信赖此表示，而与之为民事法律行为。

b. 委托人将某种具有证明代理权意义的文件交付与他人，他人以这种文件使第三人相信其有代理权，而与之为民事法律行为。

c. 委托人对代理人的授权不明确，致使代理人违反委托人意思或超越代理权限，而第三人因善意而无过失地相信其为有权代理，而与之为民事法律行为。

d. 代理关系终止后，委托人未采取防止原代理人继续为代理行为的必要措施，致使第三人因不知其代理关系终止而继续信赖原代理授权，从而与原代理人为民事法律行为。

以上四种场合，如果第三人为恶意，则不适用表见代理。

(4) 不适用代理

代理在社会生活中运用十分广泛，但有些社会活动却不能使用代理，主要有以下活动：

凡是意思表示具有严格的人身性质，必须由本人亲自做出决定和进行表达的行为，如婚姻登记等，不适用代理。对那些具有严格人身性质的债务，如预约演出等，也不能适用代理。

(二) 经销

1. 经销的含义与种类

经销是指经销商先用自己的资金进行购买，取得商品的所有权后再将商品予以售出，经销商对此承担全部风险责任的商品经营方式。

经销属于转卖性质的一种贸易方式，在商业实践中，一般分为两种情况：

(1) 一般经销

即经销商通过与卖方签订买卖合同购买商品后，自行在选择的市场上任意销售，经销商与卖方的关系为简单的买卖关系，双方不需签订经销协议，各自履行了买卖合同义务后即告结束。

(2) 包销或称定销，即独家经销，有时也被称为“买断”

所谓独家经销是指在一定时期和一定地区内将某种商品给包销商以专营权，交给包销商全权销售的商品销售方式。包销商享有专营权，即销售商或制造商在同一时期、同一地区对同一类商品只能交给自己所选定的包销商经营，不能同该地区其他商人做该种买卖。同时包销商也只能在该地区经营与之签订包销协议的制造商或销售商的商品，既不能经营其他来源的有关商品，也不能将制造商或销售商的商品向其他地区转售，并要保证在一定时间内购买一定数量的包销商品。

包销的特征可简述为：三定（双方定商品、定地区、定时间)、三自（包销商自行购买、自行销售、自负盈亏）和一专（包销商享有专营权)。

独家代理与包销均是商业贸易中使用较多并行之有效的方法。两者既有相似之处，又有较大区别：

①关系不同。前者委托人与代理人之间是代理关系，代理人对商品无所有权；后者卖方与包销方之间是买卖关系，包销人对商品有所有权；

②履行合同义务主体不同。前者代理人不是买卖合同履行合同义务的主体；后者则由包销人自己买货付款，所以其为履行合同义务主体；

③承担的风险不同。前者代理人依约收取佣金，不承担经营风险；后者包销人则需承担全部经营风险；

④承担销售义务不同。前者独家代理人一般不承担在一定时期一定地域内销售一定商品数量的义务；后者包销人则一般应按协议负有销售一定数量商品的义务；

⑤广告等费用支付不同。前者由委托人承担此费用；后者则由包销人自行承担。

2. 代理商与经销商的区别

代理商与委托人之间是代理关系，不是买卖关系，代理商对所代理商品的销售不承担风险；经销商所进行的业务是为卖而买，是一种转卖性质的贸易，对商品的销售承担全部风险。

(三) 代销

1. 代销的含义、特征及其利弊

在现实经济生活中，代销亦是运用得较为广泛的一种商品经营方式。从法律意义上来讲，代销属于经纪的范畴，所谓经纪（commission agency）是指经纪人接受委托人的委托，以自己的名义为委托人从事物品买卖或者其他商业交易并收取报酬的行为。

经纪在商品经营活动中，如果经纪人只是为委托人从事物品销售活动，那么有时也称之为寄售，它通常是指寄售人先将货物运到代售人所在地，根据寄售协议规定的条件，由代售人在当地市场代为伺机销售，货物出售并从货款中扣除佣金及费用后，再通过银行汇给寄售人的贸易方式。

代销在商业实践中一般具有以下特征：

(1) 委托人与代销商之间不是买卖关系，而是代销关系，代销商虽然以自己的名义在当地市场销售货物，收取货款，但货物的所有权属于委托人。

(2) 代销货物在出售前，包括运输途中和到达寄售地后的一切风险和费用，全部由寄售人承担。但代销货物由代销商控制之后，由于代销商的故意或过失未尽到相应的管理义务而造成的货物毁损、丢失则应由代销商承担责任。

(3) 代销是由代销商向买主销售，看货成交，属于凭实物进行的现货交易，并可在运输途中先行销售，销售不成的仍可运往目的地代销。

企业在选择代销作为自己的商品经营方式时，除了要了解上述内容外，还应注意根据代销的利弊和自己的切实情况，发挥代销的优势，克服代销的弊端。一般来说，在现实经济生活中，代销一般有以下有利之处：

(1) 代销属于现货交易，买主可看到现货，对产品质量可亲眼所见，购买放心，容易成交。

(2) 委托人拥有货物所有权，便于其任意处理，有利于调整价格随行就市。

(3) 代销商不承担风险和费用，不占用其流动资金，容易调动其经营的积极性。

除了这些优势以外，代销同样也存在一些明显的弊端。

(1) 委托人要承担货物售出前的一切风险

包括运输中的风险、储存风险、市场变化风险、货物出售不了风险、代销商少付或不付所售得之货款的风险。因此委托人的风险很大。

(2) 货物不能如期寄出

由于货物数量未达到购买人要求等原因，要占用大量资金；寄出付费繁多，包括运费、仓储费、税收等，在国际贸易中这些还需支付外汇；如果货物出售不了，将货物运回，又需支付大量费用。

鉴于代销有以上利弊情况，因此商品经营者在选择其为贸易方式时需特别慎重，特别需要选好代销商和代销地，订好代销协议。

2. 代销与代理的区别

代销与代理虽然在我国的经济生活中有时也混为一谈，但它们在法律上毕竟是两种不同的法律制度，有着显著的区别。

(1) 销售方式不同

代销是由委托人将货物送到代销商所在地，由代销商按照代销协议规定参照当地市场价格代为销售货物，货物出售并从货款中扣除佣金后汇给委托人；而代理则是代理商根据被代理人的授权范围代为销售商品，按销售额比例收取佣金。

(2) 担保手段不同

代销中的委托人为了货物安全，通常要求代销商提供银行担保或者将货物发给当地资信好的银行，由银行控制付款提货；代理由代理人在被代理人授权范围内代为销售商品，无须采用这些担保手段。

(3) 意思表示不同

代销是代销商以自己的名义进行业务活动的；而代理商则是以被代理人的名义进行业务活动的。

(4) 权利享有、义务履行和责任承担不同

代销由代销商自己对第三人承担责任、履行义务，其义务、责任不归属于委托人，但在代销过程中代销商从第三人处所取得的相关权益应转交与委托人；而代理商在授权范围内所为的代理行为的一切法律后果，包括权利、义务、责任，均由被代理人承担。

3. 代销与经销的区别

代销属于经纪或寄售的范畴，而经销则是一种相对独立的买卖活动。这两者之间既有相似之处，又有本质的区别。

它们相似之处主要在于：

代销商与经销商在商品经营活动中都是以自己的名义与对方进行洽谈和达成交易的；代销商与经销商都以自己的名义对交易活动的后果直接承担责任。

它们的区别主要在于：

(1) 经销商通过买卖活动获取的是利润，而代销商通过买卖活动获取的收益应该归于委托人，其只能因此而获得经纪或寄售合同规定的佣金。

(2) 经销商对进行交易活动的商品拥有所有权，而代销商对自己代销的商品没有所有权，只享有销售权。

(3) 经销不仅存在于商品销售过程中，而且还可以运用于商品的采购过程；而代销则只能存在于商品的销售过程中。

注意：代销并不是间接代理，因为根据我国民法关于代理的理论，代销与

代理是有显著区别的，不能将代销和代理混为一谈。间接代理是大陆法系国家对代理的一种分类，它的含义与代销相似，但只是相似，它们还是有区别的。可以这么说，在某些属于大陆法系的国家里，代销只是间接代理的一个方面。

思考题

1. 珠宝企业的含义是什么？它有何特征？你知道的珠宝企业有哪些？

2. 珠宝企业有哪些类型？它们有何功能或作用？

3. 为什么市场类型对珠宝企业非常重要？

4. 你认为如何能开好一个珠宝店？

5. 珠宝销售时可以采用哪些模式？你认为对于你来说，哪一个模式比较适用？

附录1：珠宝企业申办程序

珠宝企业必须依照法定程序进行申办，经营才是合法的，才能受到国家的法律保护。所以，事先要仔细地阅读有关的要求！

以下为你详尽地列举了企业申办的要点，以及各种程序、应提交的文件……可以说，你需要仔细阅读。

一、企业申办要点

1. 人员条件

农村村民、城镇待业人员，包括城镇待业青年和其他无业人员；

个体工商户经营者，指个体工商户主，含个人合伙和单位合伙的合伙人；

辞职、退职人员，指机关、团体、企业、事业单位辞职、退职人员；

国家法律、法规和政策允许的其他人员，主要包括：

(1) 离、退休人员；

(2) 停薪留职人员；

(3) 符合国家规定的党政机关、团体离退休人员；

(4) 企、事业单位优化组合后的富余人员；

(5) 其他符合条件的人员：

注：有限责任公司由2人以上50人以下股东共同出资设立。

2. 资金条件

私营企业申请的注册资本数额须符合国家规定，与企业实有财产相一致，并与其生产经营和服务规模相适应。

* 私营有限责任公司的注册资本

(1) 以生产经营为主的公司注册资本不得少于 50 万元（人民币，下同）；

(2) 以商品批发为主的公司注册资本不得少于 50 万元；

(3) 商业零售为主的公司注册资本不得少于 30 万元；

(4) 科技开发、咨询服务性公司的注册资本不得少于 10 万元。

* 保持一定数额的自有流动资金

(1) 生产性公司不得少于 10 万元；

(2) 以批发业务为主的商业性公司不得少于 20 万元；

(3) 以零售业务为主的商业性公司不得少于 10 万元；

(4) 咨询服务性公司不得少于 5 万元；

(5) 私营独资企业、合伙企业的流动资金一般不得少于 3 万元。

3. 场地条件

有固定的经营场所和必要设施，并与企业经营范围和规模相适应。

4. 必备文件

申请开业登记应提交的文件、证件：

* 申请人身份证明

独资经营的提供本人身份证明，合伙经营的提交合伙各方的身份证明。下列人员还应提交专项证明：

(1) 城镇待业人员提交街道劳动管理部门出具的待业证明；

(2) 离退休人员提交离退休证件；

(3) 外地人员提交公安部门的暂住证；外地育龄妇女应提交本市所在地区计划生育部门出具的计划生育证明；

(4) 停薪留职人员和企事业富余人员提供本单位同意经营的证明及协议。

注：有限责任公司因《公司法》和《公司登记管理条例》另有规定除外。

* 场地使用证明

(1) 自有的经营场所应提交产权证明；

(2) 租赁的应提交产权证明和租赁协议，租赁期必须在 1 年以上；

(3) 在市场经营的应提交市场管理部门出具的摊位证明。

二、申请程序

1. 工商登记

* 在拟办企业或公司所在地区工商局领取申请表格。按照个体经营形式、合伙经营形式和有限责任公司形式分别领取申请表格。

＊查询拟办企业名称

创办企业首先要有一个字号名称。字号名称首先要考虑经营的宗旨与特点，与行业的关系要密切，使人看到或听到名称，就能联想到经营项目。其次，字号名称要使用吉利的字眼，要考虑百姓的语言习惯、民俗传统，等等。所起名字应该简单明了、不宜过长，也不宜用字生僻拗口，更不要落俗套、随大流，要让人一听就耳目一新，读起来朗朗上口，容易让人记住，能与其他店、厂名称区别开来。另外，名称要符合有关法律的规定，受法律保护的名称才可以转让或出卖。

＊由会计事务所验资

企业在申请设立时，必须提交具有合法验资资格的会计事务所或审计事务所出具的验资证明。因此，在创办企业时，必须做好验资方面的工作。

＊验资步骤

分为验资计划、验资实施和验资报告三个阶段。

（1）验资计划：注册会计师了解被审验单位的基本情况，填写“被审验单位基本情况表”，通过初步评估，确定是否接受委托，如接受委托，会计事务所应与委托人签订“验资业务约定书”，验资业务约定书应载明验资的类型、目的、范围、双方的权利和义务、收费标准、付款方式等。

（2）验资实施：注册会计师实施必要的验资程序，取得充分、适当的验资证据。

（3）验资报告：注册会计师在实施必要的验资程序后，以经过核实的验资证据为依据，分析、评价验资结论，形成验资意见，出具验资报告。

＊验资证据

验资时，被审验单位必须提供以下资料，作为验资证据。

（1）企业设立申请报告、可行性论证报告；

（2）企业成立时的合同、协议、章程；

（3）投资者的法人资格证明或者身份证明及会计报表资料等，投资者的营业执照；

（4）企业法定代表人的任职文件和身份证明等；

（5）工商管理部门核准的“企业名称预先核准通知书”；

（6）证明投入货币资金的银行单证、收款收据等；

（7）证明投入实物资产的财产清单、财产移交及验收证明、作价依据等；

（8）证明投入无形资产的协议、商标注册证书、土地管理部门关于划拨或出让土地的批文；

（9）土地使用权证、土地红线图、作价依据等。

●验资证明

验资证明是会计事务所或审计事务所出具的资金证明的文件。

●申请经营国家有关专项规定的行业，应提交有关部门的审批证件（见前文要点）

●合伙企业申请登记时，应提交合伙人的书面协议

合伙人的书面协议应载明合伙人的出资形式、出资数额，盈余分配、债务承担，入伙、退伙、合伙终止等事项。

●有限责任公司申请登记时，应提交公司章程

公司章程包括下列事项：

（1）公司名称和住所；

（2）公司经营范围；

（3）公司注册资本；

（4）股东的姓名或者名称；

（5）股东的权利和义务；

（6）股东的出资方式和出资额；

（7）股东转让出资的条件；

（8）公司的机构及其产生办法、职权；

（9）公司的法定代表人；

（10）公司的每年事由与清算办法；

（11）股东认为需要规定的其他事项。

●技术资格证明

私营企业应提供与经营有关的主要专业人员（包括会计、技术人员等）的技术资格证明，法律、法规另有规定的除外。

* 向工商局提交申请表和准备的文件，审批执照

* 工商局颁发执照

注：这一过程大约 2～3 周时间。

2. 刻制图章

凭工商执照刻制公章、法人章、财务章。

3. 申请企业代码证

凭工商执照介绍信去技术临督局办理企业代码证书。

注：这一过程大约 1 周时间。

4. 税务登记

* 开立银行账户

●私营企业账户

企业一旦开始运营，每时每刻都与资金打交道，离了钱，企业可是寸步难行。这就要求创业者必须掌握同银行打交道的知识，为企业发展服务。

账户是用来连续和系统记录各个会计科目所反映的经济业务内容的工具。银行账户就是客户在银行开立的各种存款、贷款、结算等账户的总称，是办理信贷、结算、汇兑和现金收付业务的工具。银行账户包括基本账户、一般账户、专用账户、临时账户等。

（1）基本账户

基本账户是私营企业办理日常转账结算和现金收付的账户。企业工资、奖金等现金的支取，只能通过本账户办理。一个企业只能开设一个基本账户。

（2）开设基本账户的开户条件

申请开设基本账户的企业，必须是已经在工商行政管理机关注册登记，并已取得营业执照，实行独立经济核算的企业。

（3）开户程序

私营企业申请开立基本账户的要凭营业执照、机构代码、法人身份证到中国人民银行各分行领取开户许可证，然后向银行提交开户申请书，在申请书上应写明企业全称、地址、性质、经营业务范围和申请开立账户的种类，同时提交开户规定的证件和印鉴卡。申请企业要详细填写企业全称、开立账户、企业地址、企业负责人和财会人员名称，同时印鉴卡片上必须加盖预留银行印章，包括单位财务公章、专用章、财务负责人及经办人印章，并在印鉴卡的背面加盖单位公章，同时注明盖几枚章方为有效。账号启用日期等项目在单位送交印鉴时由银行填写，并通过企业财务经办人员。各企业开户后要存入一定数量的款额，并陆续办理结算、汇兑、取款等业务，为此应向银行领取或购买各种空白业务凭证。

（4）一般账户

一般账户是指基本账户以外的银行借款、转存，与基本账户的企业不在同一地点的附属非独立核算账户。存款人可以通过本账户办理转账、结算和现金缴存，但不能办理现金支取。企业申请开立一般存款账户的，应填制开户申请书，提供相应的证明文件，递交盖有存款人印鉴的印鉴卡片，经银行审核同意后，即可开立账户。

（5）专用账户

专用账户是企业因特定用途需要开立的账户，根据需求，企业一般应开设纳税专用账户。开立纳税专用账户，应填写开户申请书，提供《税务登记证》及相关证件，递交盖有存款人印鉴的印鉴卡片，经银行同意后开纳税专用账户。

●个体工商户的账户

凡经工商行政管理机关批准，领有营业执照，拥有经营场地的个体工商户，都可以向银行申请开立账户。其手续是：

(1) 向银行提交开户申请书，同时提交营业执照、个体工商协会出具的证明及本人身份证等。

(2) 银行接受申请后进行调查，然后审批。

(3) 个体工商户向银行提交“印鉴卡”，并加盖今后签发支票凭证时使用的印章。

(4) 银行发给办理存、取款项的结算凭证，凭此办理存取款。

创业者在使用账户前，应先了解一下必须遵守的事项：

(1) 银行账户只能由本企业使用，不得出租、出借或转让给其他单位或个人使用。

(2) 保证账户内有足够的资金用来支付，不得签发空头支票。

(3) 保证各种收支凭证真实可靠，如实填明款项来源和用途，不得利用账户搞非法活动。

(4) 要及时记账，定期与银行核对账单，处理不符或错误账目。

*税务办理

(1) 办理税务登记

税务登记是税务机关对纳税人的开业、变动、歇业及生产经营范围变动实行法定登记的一项管理制度。从事生产、经营的纳税人自领取营业执照之日起30日内，持有关证件，向税务机关申报办理税务登记。新办企业申办税务登记时，应凭营业执照，前往市技术监督部门申领组织机构代码，这是办税的必备材料。

具体办税务登记步骤如下：

纳税人在规定的时间内，持营业执照（正本）向地方税务局提出办理税务登记申请，领取《税务登记表》。

纳税人按要求如实填写《税务登记表》，并写明本单位或个人所在地位置，加盖印章后连同有关证件、资料报送税务局。

税务局对纳税人的税务表、工商营业执照和提供的有关证件、资料审核后，即可准予登记，并发给纳税人《税务登记证》。

(2) 办理纳税申报和确定纳税方式

纳税应在领取《税务登记证》之日起15日内，不分经济性质和隶属关系，按照属地征收的原则，到主管征收分局办理纳税申报。纳税人无论有无经营和收入所得，无论有无应纳税款发生，均应按经营范围和经营项目的实际收入，依适用的税种、税目和税率向主管征收分局（所）报送纳税申报表、财务会计报表和税务机关要求附送的其他证件、资料。

根据经营规模大小和经营方式的不同，税款征收的方式有自核自缴、自报自缴、查账征收、查验征收、代扣代缴、代收代缴、委托代征、代征、邮寄申报等多种方式。

(3) 办理税款缴纳

纳税人应该根据要求，在指定的若干家银行中，选择一家银行设立纳税账户，并与其签订《委托银行划转税款协议书》，将开户银行及账号报送主管征收分局（所）。

5. 用工手续

大部分的创业者在事业发展中都雇佣人手。雇人用人应该规范，应办理相应的劳动用工手续。办理招用劳务工的手续如下：

向劳动部门出示营业执照正本或副本并附复印件，申请“劳务工指标登记本”并在指标有效期内招用劳务工。

填写“劳务工就业证”，贴相片，单位盖章。

填写“暂住人口登记表”（一式三份）。

填写“办理劳务工手续统计表”。

缴纳暂住人门管理费，凭“劳务工指标登记本”开具缴费通知书，到财政、银行设点处缴费用。收费标准按劳务工人数和上岗时间计算。

招用劳务工时注意所招劳务工应具备以下条件：年满16周岁，身体健康，具有初中以上文化程度，工作表现好。

6. 用水申请

用水要向当地自来水公司填写用水申请表，其主要内容包括用户名称、营业执照号码、用水地址、给水设计单位、给水安装单位、工程性质（新扩装、迁移、临时）、用水性质（商业、工厂、住宅、办公、其他）、建筑层数、建筑总面积及户数、用水量等，一般用水申请都可得到批复。

7. 用电申请

用电要去当地电力部门填写用电申请书，其内容包括用户名、用电地址、行业申请属性、经营性质、用电性质等事项。申请时，要带申请人居民身份证。用电批复后，用户要缴纳全部增容费用。室外线路由电力部门统一安装施工并结算费用，室内线路由用户自找持有省级电力设施安装许可证的单位安装施工并结算费用。室内线路工程的设计资料送审、开工登记、申请验收及竣工报装均由单位统一办理。室外线路、室内线路完工并被验收后，电力部门便可送电。

第五章　珠宝企业的组织人事管理

组织机构和人力资源是珠宝企业的灵魂。良好的机构和人力资源能够有效地支撑企业的发展，现代企业管理中开始注重以人为本的管理理念，充分发挥人力资源的智力优势，不仅提高了工作效率也增强了企业凝聚力和竞争力。

案例：在湖北省某商场有两家珠宝公司设有珠宝专柜，其规模、产品相差无几，但其中一家销售额每月可达15～20万元人民币，而另外一家仅2～5万元人民币。造成如此悬殊的差距关键原因在于营业员。同样是站在柜台前，销售欠佳的专柜上营业员表情冷漠，对顾客毫不热情，让人望而却步，试问如此服务质量，销售额怎能不低。

从上述案例不难看出人事管理松散的企业中，员工普遍缺乏积极性，想获得好的业绩当然无从谈起。因此，良好的组织人事管理能够调动每位职员的主观能动性，是企业发展的决定性因素之一。

第一节　珠宝企业的组织结构及形式

有效地组织企业各类人力、物力、财力是实现企业目标的前提，而企业组织管理工作是企业管理中非常重要的一部分。组织，动态看是一项活动，是一种管理职能；静态看是一种管理机构，可分为正式组织和非正式组织。

一、珠宝企业组织的结构

不管哪一种珠宝企业，其组织机构的设置必须根据企业目标、企业外部环境和自身条件而定。

一般都要符合以下要求：

(1) 任务目标——根据实际工作任务而设立机构。

(2) 分工与协作——各部门要协调以符合社会化大生产的需要。

(3) 统一指挥——众多机构，在协调的基础上，在统一指挥之下，方能形成合力。

(4) 有效管理幅度——管理幅度是指一个上级管理人员直接管理的下属人

数。通常管理幅度越小，管理层次越多，机构越复杂，管理人员越多，如图 5－1 所示。

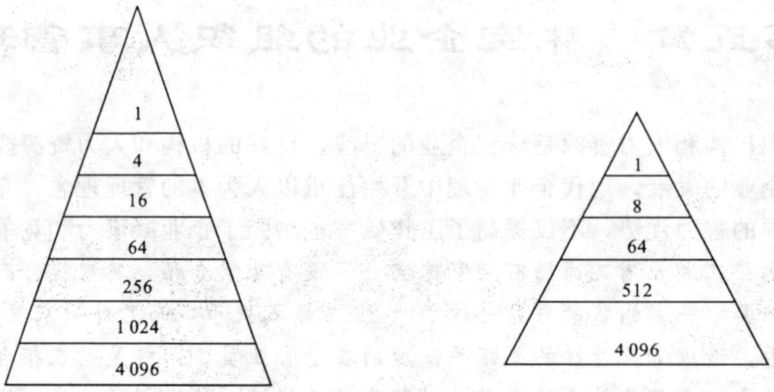

图 5－1　管理幅度对比图

管理幅度：4 人
管理层次：6 层
管理人员：1 365 人
作业人员：4 096 人

管理幅度：8 人
管理层次：4 层
管理人员：585 人
作业人员：4 096 人

管理层次减少，管理机构不再臃肿庞杂，管理效率提高。沃尔马于 1992 年超过西尔斯公司成为美国最大零售商，而在几年以前著名管理大师汤姆·彼特斯就已经预言到这一结果。他说："西尔斯不会再有机会了，因为一家有 12 个管理层的公司无法与一家只有 3 个管理层的公司抗争。"

这里强调的是有效，在管理幅度增大时，一定是有效管理。这取决于五个方面：

第一、管理者的能力；

第二、被管理者的素质；

第三、管理问题的复杂性；

第四、管理标准化程度与受权程度；

第五、管理手段现代化程度。

在珠宝企业中，主要有加工镶嵌厂（生产）和珠宝公司（营销），也有的企业同时具有上述两种职能，如武汉新世界珠宝公司，有自己的加工、镶嵌、销售部门。而其他众多珠宝公司均自己购买原石，去专门的加工镶嵌厂进行成品的制作。

通常中型以上的珠宝公司，其管理幅度为 4 人，但只有 3 ～ 4 个层次（图

5-2)。

若为加工和镶嵌厂，规模小的仅一个层次，规模较大的有 2 ～3 个层次（图 5-3)。

珠宝企业虽然管理层次不多，管理幅度也不大，但这与珠宝企业规模相关。目前，国内珠宝企业规模相对较小，尚无有上万人的大型珠宝公司，在国际上，多数珠宝公司规模也不是十分庞大。珠宝企业管理应注意的三个核心问题：

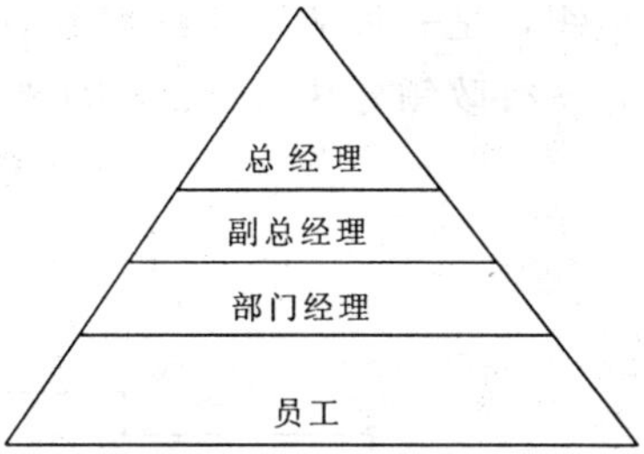

图 5-2　众多珠宝公司的管理层次

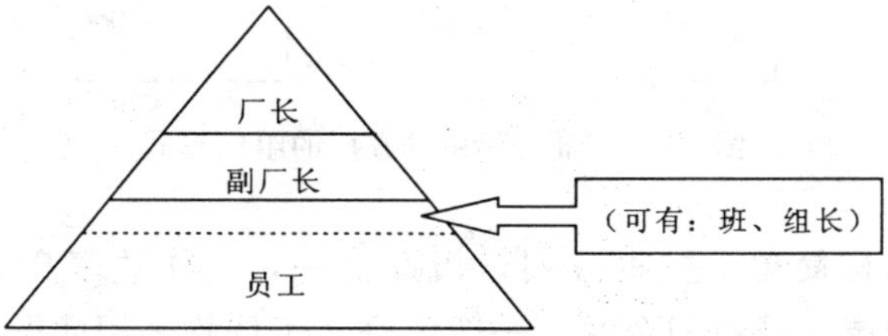

图 5-3　众多加工和镶嵌厂的管理层次

1. 权责对等

权利与责任要相称，光有权利，但不承担责任，难免会出现管理人员不负责任、任意行事。在人才选拔中，被选拔的人出了问题，选拔者也应该承担相应责任，目前在这方面，国内众多单位都做的远远不够。

2. 才职相称

让适合搞营销的去做营销，适合坐办公室的去做文员，各尽其才。让缺乏领导才能的人去行使管理职能当然不行，但也不能大材小用，要让才称其职。

3. 精干高效

减少企业中不必要的人或机构，避免人浮于事，机构臃肿的现象，许多国企这一现象严重，而私营企业这一现象较少。

二、珠宝企业组织机构形式

珠宝企业包括珠宝公司、加工厂、镶嵌厂、矿业公司、信息产业公司（教育机构、检测单位等)。

1. 加工厂、镶嵌厂

加工厂主要对宝石（有色宝石、钻石）进行切磨，包括一些玉雕厂；而镶嵌厂主要是对宝石进行镶嵌。这两种厂一般规模小，多采用直线制，又称军队式组织，是一种从企业最高管理层到最低管理层，按垂直系统建立的组织机构，各行政领导执行全部管理职能，不另设管理机构（图 5-4）。

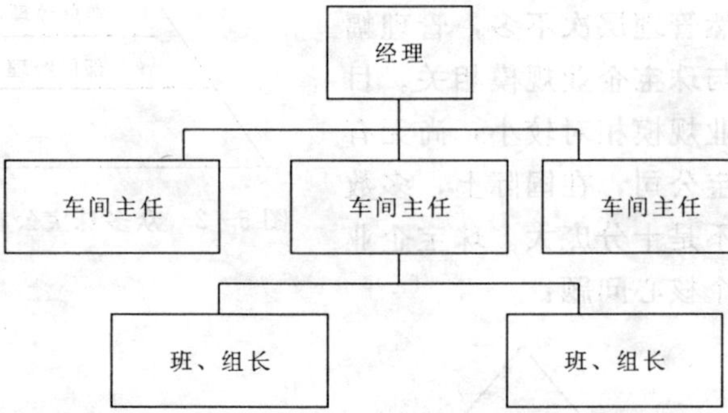

图 5-4　加工厂和镶嵌厂的组织形式

这种组织结构简单，权责分明，指挥统一，工作效率高，适用于规模较小、生产过程和技术简单的企业。一般家庭式工厂均采用此形式，一些小型珠宝公司、矿业公司、信息产业公司等也采用此形式。

2. 相对大型珠宝、矿业公司

此类公司多采用的有直线职能制、事业部制以及网络结构制等。

（1）直线职能制：在直线制基础上，在各级行政领导之下设立相应的职能部门，这些职能部门作为同级领导的参谋部。各级行政领导统一对下级行政指挥，职能部门为同级领导拟定工作计划、方案等，为领导出谋划策，对下级只起业务上的指挥作用，无权直接指挥下级。这种组织机构形式适用于中小型企业（图 5-5）。

（2）事业部制：在总公司统一领导下，按产品、地区或市场设立若干分公司或事业部，集中决策，分散经营（图 5-6）。

（3）网络结构制：各组织与中心组织以合同为基础，依靠其他组织进行生产、分销或其他业务活动。这种管理结构目前较为流行，具有较大的适应力和应变力。如某些小型珠宝公司和某知名品牌公司签定合同，交纳一定数额的管理费（例如每个月每个地点 1 万元），在开展业务时，就可使用该品牌，并由该品牌公司出具或不出增值税发票，税由使用方另付。这种方式由于风险较低、操作简单，在国内非常普遍，其结构如图 5-7 所示。

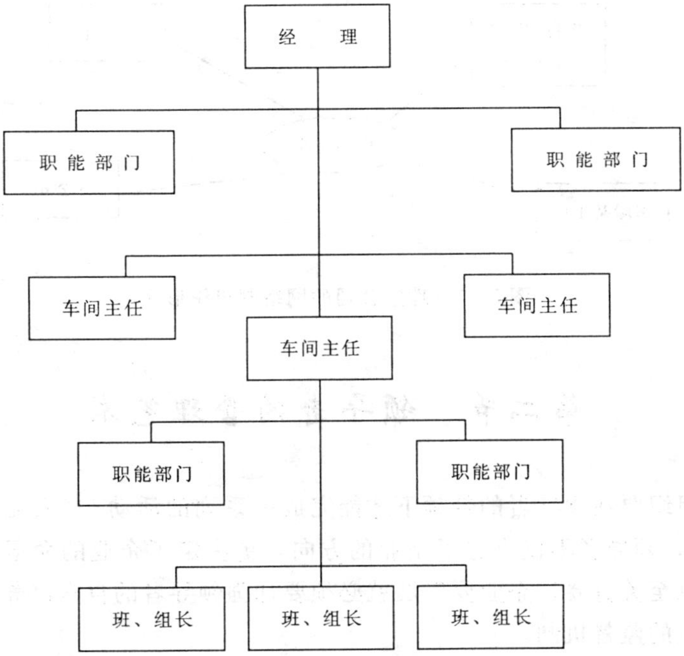

图 5－5　珠宝公司直线职能制组织形式

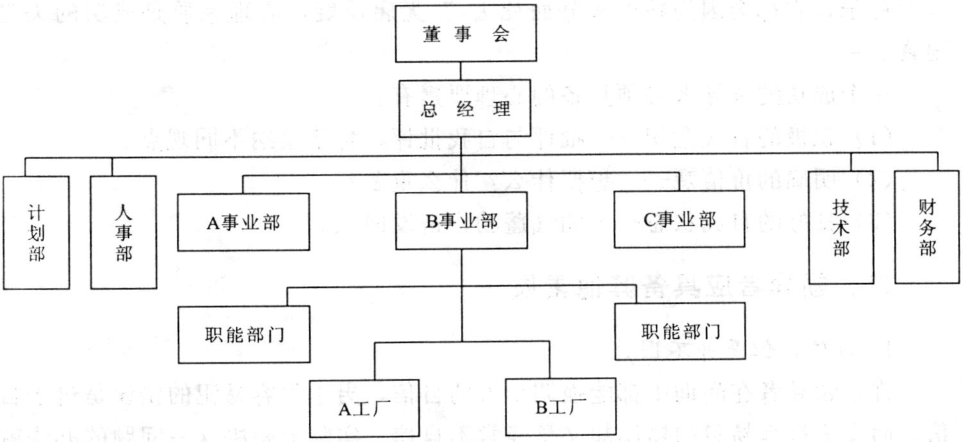

图 5－6　珠宝公司的事业部制组织形式

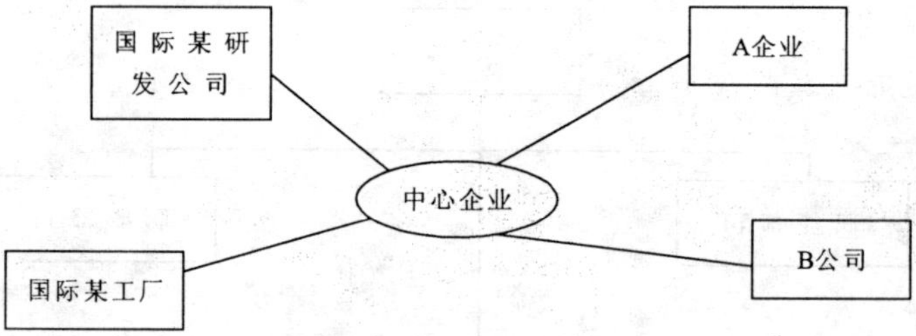

图 5－7　珠宝公司的网络制组织形式

第二节　领导者的管理艺术

一个组织要在领导者的带领下才能完成一系列的活动。“人无头不走，鸟无头不飞”，领导者不仅决定了企业的方向，更决定了企业的命运。因此，领导者的角色至关重要。企业要发展就必须要加强领导者的自身修养和素质，并且要有相应的监督机制。

一、领导者应具备的成功心理要素

卡耐基认为：“如果你的心理是一毛不长的沙漠，那么不管你播下任何幸福的种子，它都会因为缺乏水分而死去。”无庸质疑，心理素质是成功的关键要素之一。

一个成功的领导者必须具备的心理要素有：

(1) 积极的自我意识——批评与自我批评，肯于接纳不同观点。

(2) 明确的价值观——想要什么？什么重要？

(3) 良好的自我状态——朝气蓬勃，奋发向上。

二、领导者应具备其他素质

1. 自信，但是并不固执

许多领导者在问询中都能强调个人的自信，男士很容易犯的错误是过于自信，而女士很容易犯的错误却又是经常不自信。实际上解决这一问题的办法就是客观的评价自己的能力，由于多数人不能客观评价自我，这样就可以请相关的专家进行个人能力评估，或者请自己信得过的人客观来评价自己。如果能做到这一点，就不会时常出现过于自信或者不自信。

另外，许多管理者由于性格问题，时常听不进别人的声音，也容易造成过于自信，给企业带来不便或损失。所以，为了避免上述问题的发生，我国在政府决策时通常会请专家进行论证，当然专家也要秉着积极负责的态度完成任务。而对于珠宝企业也可以采用专家论证的方法进行决策，如果成本高，则可以采用集体收集属下信息和意见、集中决策的方法，以避免个人过于自信蒙受损失。

2. 对人对事做到诚实

领导者最大的魅力在于对人对事坦诚相待。除了应该保守的各种机密外，在工作中注意与下属或者客户建立良好的人际关系，对于企业的发展非常重要，而核心便是人与人之间的诚信。高薪和权力可以留下人的躯体，诚信可以留住人心。

3. 坚韧和毅力

作为企业的领导者，在工作中不可能都是一帆风顺的，总会遇到各种各样的困难，如果意志不坚韧，做事不能持之以恒，势必会遭受失败。加上珠宝价格本身就是在不断的波动中行进，珠宝企业时赚时赔现象也经常发生，学会在逆境中求生存，是一个管理者不断迈向成熟的标志。

4. 勇于创新

善于接受他人的意见和建议，善于接受新事物；不断实现管理和技术创新是企业发展的动力，是企业立于不败之地和可持续发展的保证。珠宝企业管理者除了需要在技术方面注意创新之外，更需要在管理上创新，特别是一些珠宝销售公司，更多的是在销售管理上创新。例如，许多公司留下用户的联系方式，并主动给这些顾客打电话问候或者上门咨询以及送礼物，这些创新活动拉近了消费者和公司的距离。

5. 爱岗敬业，具有责任感

绝大多数企业管理者都能做到爱岗敬业，但同时也要对企业和员工具有责任感。无论企业性质如何，企业的成功需要全体员工的努力，而企业的失败，广大员工也面临失业的风险，所以无论从哪个方面讲，作为企业灵魂的领导者都具有不可替代的重大责任，没有责任感的领导者是不合格的。

6. 虚怀若谷

领导者在工作中经常会遇到不顺心或不给面子之类的事或人，学会宽以待人，严以律己，不仅可以获得人们的尊重，更使个人的身心受到锻炼，有利于企业的发展；另外，科学家研究发现，胸怀宽广的人比胸怀狭窄的人长寿，因为胸怀宽广的人容易释怀。

7. 身先士卒，平等待人

领导者在要求员工做到的事情，自己首先要做到，这样不仅有说服力，更容易取得下属的理解和支持，否则“只允许州官方放火，不允许百姓点灯”之类的事最终会走向失败，这种教训举不胜举。同时，由于领导者高高在上，很容易看轻下属，这为以后的工作留下隐患，难以取得下属的衷心。事实上，在工作中是上下级关系，在生活中是朋友和伙伴关系，这样的企业容易获得更高的成就，所谓得人心者得天下。

三、在实际工作中，领导者应具备的能力

1. 善于策划

作为企业的领导人对企业的生存和发展起着关键的作用。领导者要善于规划各项工作，包括预计未来的工作类型、工作量、工作时间等。这不仅包括对目前活动的策划，更是对未来长远的策划，所谓“未雨绸缪”。作为企业的灵魂人物，负责企业的发展规划，为企业设计蓝图，这提高了企业发展的应变能力，增加了成功的机会。珠宝销售企业领导者要十分注意策划促销的模式和手段，经常在珠宝市场进行调研，选择行之有效的途径，扩大企业的销量和市场占有率。

2. 善于领导和合理使用手中的权力

善于领导就需要学会合理使用手中的权力。领导者手中有度财之权，可以决定工资奖金的发放；有度人之权，可以选择使用和开除下属；有度物之权，可以判定房屋地产等的分配。相比之下，这些权力都是弱势权力，有一天可能会失去，但是那些强势的权力，例如：威望等，却可以永久保留，所以，合理使用权力的最重要方面是如何确立在下属心中的地位，企业领导者若有强势权力，会凝聚人心，会一呼百应，这对于企业的发展具有巨大的推动力。总之无论是什么样的权力，都要使之慎重。

3. 善于扮演名誉领袖

即能代表企业参加各种社交活动，提高企业知名度。珠宝企业领导者要经常参加一些募捐活动、爱心活动、在校园设立奖学金等活动，这不仅是回报社会，更可以提高企业知名度，提高企业在人们心目中的地位，使社会公众对企业充满信心，增强员工的凝聚力。所以领导者不应把此当作是负担，而应主动参与，利用各种场所和各种机会宣传企业。

4. 善于沟通和交友

企业生存于一定的环境中，其中最重要的因素是人，企业的生产需要人，销售需要人，产品的最终消费也需要人，没有消费企业也就无法完成再生产。

所以要善于与人进行沟通，这些人包括：消费者、客户、行政管理部门的人员等等。合适的沟通可以消除误会，缓解矛盾，同时也建立了互信和友谊，为企业顺利开展各项工作铺平道路。很多珠宝生意在熟人之间更易达成，例如，资金紧缺的情况下，要想获得更多的可以用来销售的首饰，许多公司可以赊货，销售完毕后付账，这极大地降低了资金的占用率，提高了利润，前提是彼此之间的沟通和信任。从经济学角度来说，朋友也是不可多得的宝贵资源，所以领导者要善于沟通和交朋友。

5. 善于接收信息

在目前的经济社会，由于通讯技术的高度发展，获得了信息就等于获得了财富。珠宝产品适应潮流，变化较快，相关信息层出不穷，如何获得有价值而又及时的信息，是领导者能力的体现。可以获得信息的途径很多，如采用电视台、电台、网络、图书、朋友、杂志、问卷等各种方式，不同企业由于所处环境不同，交往层面不同，信息获得途径也不同。例如，珠宝店可以通过营业员获得消费者喜爱的款式，可以通过问卷获得消费者大致的收入和需求价格；中国地质大学（武汉）珠宝学院做过调查，询问来学习的学员通过什么方式获得信息决定来此学习，结果大多是通过熟人介绍而来，由此我们也知道还需要加强其他方式的宣传。也认识到来此学习过的学员，无论来自何方，通过在此学习都有巨大的收获。所以要想善于收集信息，选择合适的收集信息的渠道是关键。

6. 善于谈判

企业领导者经常会为工作问题进行谈判，善于谈判会为企业夺得先机、处于优势而节省资源。而要想善于谈判，应该学习一些心理学，学会根据别人的一些行为和举动而获悉对方的心态，知道对方的底线，节省时间和精力，取得谈判的实际效果。另外，也要注意训练自己的口才，在辩论中不会处于劣势。在谈判中，个人的经验、技巧、阅历以及知识广度和对谈判内容的相关领域熟悉程度，都会对谈判结果产生影响。

7. 善于处理危机

企业在发展中会有不同的危机出现，有时因为极度扩张或循环不顺造成资金短缺带来生产危机，有时因为外部环境出现变化（如税务制度改变、大规模流行疾病爆发、战争等）而出现销售危机，这些对于珠宝产品的影响十分明显。2003 年 SARS 疾病的出现就极大地影响了珠宝的销售，几乎没有人敢去商场购物，在此情况下，部分珠宝公司采用网络销售，获得一定成果。所以，企业领导者善于处理危机，可以拯救企业于水火之中，使损失降至最低。而善于处理危机的前提是在此方面平时注意训练自己，积累解决危机的经验，做到临危不惧，仔细分析形势，看清问题发展方向，进而采取必要措施缓解压力，解除危机。

8. 善于分配企业资源

对于绝大多数企业来说，都存在资源不足的情况，企业领导者是企业资源的主要支配者，有权分配企业资源。资源分配时要明确分配的标准和分配的先后顺序，注意轻重缓急，适度分配。除了有一部分资源要分配到新产品开发和人员培训上、以扶持这些领域、确保企业发展之外，领导者手中还要留有部分应急资源，以应付不时之需。由于企业之间拥有的资源不同，相互间拥有比较优势，合理有效的进行资源分配，就等于充分利用了资源，避免了浪费，使用了各自的优势。

9. 善于利用时间

在前文中提到，欧洲一些企业高层领导者的工作时间中，40%的时间用于企业经营战略决策上，40%的时间用于处理各种关系，20%的时间用于企业日常事物。

四、领导者应掌握的基本理论

作为一个好的管理者，除了掌握管理科学之外，还要懂得社会学、心理学以及一些相关的学科知识和理论，同时也要知道如何在实践中摸索、积累、总结经验。

管理人员首先要掌握的是激励理论。激励可以激发人们内在的动力，鼓励人们朝着所期待的目标采取行动。激励是一个心理过程，通俗的说就是激发员工努力达到组织目标的过程。

激励是人力资源管理的核心，满足需要是激励的手段。美国哈佛大学的心理学家 William James 研究发现，没有受激励的人仅能发挥其能力的 20%～30%，而受到激励，其能力可以发挥到 80%～90%。这就是说，同样一个人，在通过激励后，所发挥的作用相当于激励前的 3～4 倍。

以下几种理论非常重要。

1. 马斯洛需要层次论

所谓“七情六欲”，人活着都有需要，从广义上分为两类，即生理需要（六欲）和心理需要（七情）。

著名的心理学家马斯洛把人的需要分为五个层次，即人的生理需要、安全需要、社交需要、受人尊重需要和自我实现需要。如图 5－8 所示。

该理论并非说每个人的需要都按此顺序从低向高发展，据统计，美国社会中近 20%的人处于生理和安全需要中，近 80%的人处于社交需要中，不足

自我实现需要（成就、胜利、自我实现）

⇧

尊重需要（赏识、提升、地位）

⇧

社交需要（友谊、归属、接受）

⇧

安全需要（工作安全、医疗保险、退休福利）

⇧

生理需要（衣食住行）

图 5－8　马斯洛需求层次论

1％的人处于受人尊重和自我实现需要中。

该理论告诉管理者的是，不同的人有不同的需要，需要采用的激励手段也应不同。

2. 双因素论

由美国心理学家赫茨伯格提出的双因素论阐述了保健因素和激励因素两者之间的关系（表 5－1）。

表 5－1　双因素的划分

保健因素	激励因素
金钱、监督、地位、安全、 工作环境、政策、人际关系	工作本身、赏识、提升、 前途、责任、成就、荣誉

在不同环境中，这些因素可以转换。重要的是，该理论告诉管理者：若企业只注重提供保健因素，而忽视激励因素，那么这个企业将难以得到进一步的发展；反之亦然，保健因素未得到满足的员工会产生不满，企业的发展将无从谈起；两种因素若都得不到满足，员工会离职。

在珠宝行业中，就如其他行业一样，由于就业的压力，许多人虽不能满意企业提供的保健因素（可能激励因素更少），迫于生计，仍留在企业中。事实上这对企业是相当不利的。因为，当员工一有更好的机会，他们都会毫不犹豫地选择跳槽，即使在职期间，他们也无法充分发挥积极性和创造性。这一点是许多管理者应该重视的。

问题是许多管理者认为“你不干，自然有别人愿意干”，实质上，这种人事的频繁变更对企业的发展更为不利。有些管理者还会认为，“人的欲望无限，你给他月薪五千，他还想要一万。”其实这是因为管理者忽视了激励因素的重要性。

3. 公平理论

由美国学者提出的公平理论认为，员工们首先考虑的是自己的收入与付出的比率，然后将自己（A）的收入/付出比率与他人（B）的收入/付出比率对比，如表 5-2 所示。

表 5-2　公平理论中的评价因素

觉察到的比率	A 员工评价	A 员工行为表现
A 所得/A 付出＜B 所得/B 付出	不公平（报酬过低）	出废品、怠工、浪费、另谋高就
A 所得/A 付出＝B 所得/B 付出	公平	维持原有的工作热情
A 所得/A 付出＞B 所得/B 付出	不公平（报酬过高）	更积极工作

在公平理论中，员工选择比较的参照物可能是“他人”、“制度”，也可能是自我。

该理论告诉管理者的是，在实际工作中，员工工作积极性不仅受其绝对收入的影响，而且受其相对收入的影响。

另外还有期望值论、XY 理论等，在此不再做一一阐述。

领导者掌握了这些基本理论，并能结合实际情况运用到实践中，企业必能如虎添翼，得到更好的发展。

五、管理方式或方法

1. 管理方法或方式的选择

美国学者利克特把领导行为分为四种基本方法或方式：

（1）压榨和权威式；

（2）仁慈和权威式；

（3）协商式；

（4）参与式。

利克特发现第四种管理效率最高，效果也最好，如表 5-3 所示。

至于领导者采用怎样的方式领导最有效，是必须考虑的问题。研究表明大多数人愿意选择第三、第四种类型管理方法，而不愿选择第一、第二种类型的管理方法。

表 5-3 管理方法及其特点

管理方法 / 不同方面	极端专制独裁型（类型一）	仁慈独裁型（类型二）	民主协商型（类型三）	民主参与型（类型四）
领导对下属的信任程度	毫无信心没有信任	有点信心没有信任	有一定信心比较信任	充满信心完全信任
下属感到与领导一起讨论问题的自由度	根本没有自由	基本没有自由	有较大的自由	有充分的自由
领导征求和采用下属意见和建议的程度	基本不听取和采用	很少听取和采用	一般能听取和采用	能经常听取和采用

但在实际情况中，某些管理者采用第一、第二种类型管理方法也很有效率，特别是在某些突发事件时，如战争、企业破产、火灾等。因此，最恰当的管理模式和领导方式不是一成不变的。企业领导者要考虑环境及被领导者的个性，从而确定领导方式，并适时进行调整。

在珠宝行业中，多采用第二、第三种类型，第一、第四种类型很少采用。

2. 领导对下属的授权

珠宝企业中，有相当数量的单位属于私营或者个体企业（公司），这些企业发展到一定程度就止步不前，好象无论如何努力，企业都没有继续发展的迹象。实际上，此时的这类企业遇到了发展的瓶颈，其中一个重要方面就在于这些企业管理模式上需要更新，特别是“授权”。由于这些企业的管理者将企业看成所有一切都是自己的，因此，事情无论大小都要亲自过问，这在企业发展初期是必要的，但是企业发展到一定规模后，由于人员的增加，分工的加剧，这种事无巨细的管理方式，其效率大大制约了企业的发展，此时，要求企业管理者，特别领导者要适时放权给下属，以便提高管理效率，促进企业发展。

所谓授权，就是领导者将一定的职权委授给下级去行使，使之担负一定的领导职责。授权者对被授权者有指挥权、监督权；被授权者对授权者负有报告情况及完成任务之责。授权并不意味着领导者权力的丧失，而是权力的延伸，它使权力渗透到团队的每一个角落并充分发挥作用。

（1）授权必须遵循的几个准则

①选择靠得住的人。这是授权的一条最根本的准则。授权不是利益分配，不是荣誉照顾，而是为了把事情办好，因此要选择思想品质靠得住的人。有事业心和责任心、有寸目应才能又精力充沛的人作为授权对象。

②权责不分家。授权者必须向被授权者明确交待所授事项的责任范围、完

成标准和权力范围，让他们清楚地知道自己有什么样的权力，有多大的权力，同时要承担什么样的责任。

③不越级授权，不授权力外之权。授权不能随便跨越层次，而只能逐级进行。否则就会引起混乱。同时，授权只能授自己职权范围内的权力，而不能把别人的权力授给自己的下属，否则就会引起更大范围的混乱。

④对受权者及时给予指导。领导者对被授权者应给予必要的支持和指导，以防止在执行过程中可能出现的偏差和延误，帮助其解决可能产生的困难。

⑤不轻易授予重大权力。事关组织的发展方向、人员的任免等重大问题的权力一般不轻易授给下属。

(2) 授权的技巧

①把握授权的时机。例如：当部下一个劲地请示工作、觉得百无聊赖或是要求调动工作时；或者当领导者自己感到时间不够用，忙不过来；或是有事外出，准备离开工作岗位一段时间的时候，就应该授权了。

②把握授权的权限。至于授什么权，授多少权，没有一个绝对的标准，一般来说，除了领导者工作职责的核心或关键部分外，其他工作都可以授权；凡是下属能够同样做好甚至能够做得更快更好的工作，都可以授权。

③将权力授给谁。一般来说，选择受权者，可以按如下方法进行：

＊这个人具有哪方面的能力、特长和经验？最适合承担什么工作？

＊他的品德如何？是否会做因私利而影响全局的事？是否有办法抑制他的不良行为？

＊能否最大限度地激发他的工作热情和潜力？

＊他目前担负的工作与拟授权的哪些工作关系最为密切？

＊这个人对哪项工作最关心、最感兴趣？

＊哪项工作对他最富有挑战性？

在现实生活中，具有以下特点的人往往是授权的理想人选：

＊大公无私的人。

＊不徇私情的人。

＊勇于创新的人。

＊善于团结协作的人。

＊善于独立处理问题的人。

＊某些犯过偶然的、非本质性错误并渴求悔改的人。

④举行相应的授权仪式。在多数情况下，在授权时，应举行相应的仪式。如开会公布、授予委任状等。这样，既可当众向被授权者传递一部分领导的影响力，以壮大被授权者的声威；又可以庄严的气氛强化被授权者的使命感和责

任感，使他们暗下决心履行职责；还能让广大下属都知道授权的内容，以方便被授权者行使权力。

⑤运用有效的监控方法。为了保证授权后的正常运转，领导者就要实施必要的监督与控制，对进度缓慢以致影响整体工作进度者予以促进；对工作方向偏离了既定目标者，予以纠正；对实践中暴露出来的授权多寡不均、难易不均等问题，可随时调整，以保证下属有用武之地。应该指出的是，这里讲的监督与控制，绝不是让领导者在授权之后又横加指责、过分干涉，只是适当地纠偏、调控，以促进下属工作协调发展。

（3）授权应注意的问题

①要谨防“反授权”。被授权者权利太大，反过来影响到授权者的权利，以至于授权者要听从被授权者，这就失去了控制。授权要能“授”也能“收”。

②把握必要的权力。领导者授出责权后，必须保留自己必要的权力和责任，防止有职无权。一般来说，应把握住如下几点：

——领导者应该保留对组织工作前途或该项工作任务结果的最后决策权。即当组织工作或该项工作的最后目标达成发生意见分歧时，领导者要能够正确综合全局，进行最后决策。

——领导者要把握对直接下属和关键部门的人事任免权，即组织人事权，有了这一点，就能保证领导机构的运转正常和高效。

——领导者要保留对直接下属之间相互关系的协调权。协调理顺下属之间关系是非常重要的，也是其他下属所不能替代的。

③要防止授权失控、失衡。所谓失控有两层含义：一是权力授出后，领导者对于下级没有约束力、修正权了；二是下级逐渐“翅膀硬了”，不听命于上级，甚至出现了侵犯上级职权——即“越权”现象。

珠宝企业领导者如果能够适当授权给下属，并能够很好地控制局面，这不仅不会影响领导者的权利和威信，而且会使企业效率提高，员工觉得有工作积极性，促进了企业的发展，同时，也为领导者提供了时间和精力来考虑企业发展的长远规划、大政方针，使领导者在工作减负的情况下，提高了工作的合理性和有效性。

3. 珠宝企业领导者对下属的具体管理

（1）人员配备

人员配备作为一项管理职能，是指通过招聘、选拔、安置、考评和培训发展组织成员，为组织结构中的各种职位配备称职的人员。

珠宝企业类型不同，人员的配备也不同。对于厂矿企业来说，主要根据产品销售量确定产量，再根据产量确定工人多少及类型，再按部门或管理幅度来确定各级管理人员数量。

对于以珠宝销售为主的公司而言，情况复杂一些。除文员和各级管理人员以外，还有业务员和营业员。那么珠宝公司应如何配备人员呢？

①营业员的配备

在柜台前的营业员，人数多了，会造成人力资源的浪费；人数少了，在销售旺季又忙不过来。所以，这里存在一个最优人数的问题。

以一个边长为 4～6m 的正方形或长方形珠宝专柜为例，应在专柜每边配有一人，这样当有人需要配合时，旁边的营业员可以过来帮忙，而商场有早晚班（早班 9:00—14:00;晚班 14:00—21:00)，因此一个珠宝专柜应最少配备 8 人，或者周一至周五七人，周六、周日八人。如图 5-9 所示。

图 5-9　珠宝销售人员

由于营业员受公司和商场的双重管理，所以公司选派的人必须符合商场的条件，如必须是本市户口、有高中以上学历、持健康证上岗，还要参加公司和商场的培训，学习营销技巧，熟悉商场规定。

以下的内容是培训人员必须对营业员讲授的，也是营业员必须了解的：

a. 消费者的类型

根据消费者的个性，消费者可分为六种类型，分别为习惯型、理智型、经济型、冲动型、情感型和疑虑型。

b. 消费者的心理

有时不同人的消费行为一致，但消费心理可能大不相同。了解不同顾客的消费心理，对产品的销售有极大的帮助。消费者的心理大致说来分以下几类：实用心理、贮备心理、美化装饰心理、纪念心理、时髦心理、显示身份心理、追求品位心理、满足感情需要的心理等等。

c. 消费者的购买动机

出于不同的消费心理，相应的购买动机可能是求实、求廉、求美、求名、求新、求奇，也可能是为了贮备、纪念、馈赠，也有可能是出于个人偏好或者为了心理平衡。

d. 消费者的购买过程

在购买过程中，一般消费者的心理发展分为几个阶段，依次为进入购物环境；注意商品；感知商品；获得印象；产生联想；明确动机；做出购买决策；最后采取购买行动。

e. 营业员与消费者的心理沟通也分为几个阶段：

第一步，接待：最初消费者可能只是出于兴趣参观商品或了解行情，营业员必须适时接近消费者；

第二步，展示：通过展示商品，激发消费者购买兴趣；

第三步，介绍推荐：推荐某种商品，启迪诱导消费者，刺激购买欲望；

第四步，促进：强化商品综合印象，促进购买行动；

第五步，成交。

f. 优秀的珠宝营业员

营业员的好坏直接影响公司的业绩，那么一个优秀的珠宝营业员应该具有怎样的条件呢？首先，一个优秀的珠宝营业员必须衣着整齐得体，态度诚恳自然，具有良好的语言表达能力，容易取得顾客的信任；再者，一个优秀的珠宝营业员应熟练掌握所销售珠宝产品的信息，能够正确解答消费者提出的问题以及正确评价不同珠宝饰品之间的差异，能更好地服务于消费者。

②业务员的配备

珠宝公司为了节省开支，通常在一个专柜或一个商场配备一个业务员，若该公司在一个城市或一个地区有几个销售点或专柜，则还要配备区域业务经理或销售经理。

业务员的作用非常重要。一方面，业务员负责公司货品的调整和及时补仓以及商品的安全和质检；另一方面，业务员要监管营业员的工作，传达公司的命令，反映营业员的建议和意见，起着承上启下的作用。

③经理

经理已经属于中层管理干部，负责公司某一领域或某一地域范围与珠宝相关经营销售活动。因此，具有一定的权限，对其所负责的范围作出决策，对上级（总经理、副总经理）负责，对下属进行管理。包括：专柜经理、大堂经理、区域负责经理、部门经理等。

（2）工资及激励

①珠宝加工厂、镶嵌厂多以计件工资为主

以河南某玉器厂为例，一位工人的每月底薪为三百元，每制成一件玉雕饰品在售后由厂方扣除正常利润和成本，纯利润的30%归该工人所得，若该件制品未被售出，只能待售出后方能拿到提成。例如一件玉雕实际售价为10 000元整，厂方扣除成本和正常利润7 000元，纯利润则为3 000元，工人的提成为纯利润的30%即（10 000－7 000）×30%＝900元。该玉器厂平均每位工人的月收入（包括工资和提成）在2 000元左右。

②矿产公司工资以月薪计算

河南省某矿区的工人月薪在300～400元左右，有的矿区则由于矿产量大，经济条件相对要好，工人月薪可达千元以上。

③珠宝公司营业员的工资为底薪加上提成

以武汉市为例，在各大商场珠宝营业员的底薪在500～600元之间，提成为实际销售额的1%，每月实际收入在1 000～4 000元不等。由于地域性差别，在其他城市情况会有所不同。

相较而言，业务员的月薪在1 000～2 000元不等，可以有无提成，每月实际收入在2 000～8 000元不等，也存在城市间的差异。

总体上看，珠宝从业人员收入状况较为乐观。

满足员工的基本保健需求，是一个管理者应尽的义务。一个合格的管理者在满足员工保健需求的同时，还要考虑激励因素，要让员工有进修、提升的机会，这将有利于企业的发展。同样一名员工，他积极工作和消极工作产生的效果是完全不同的，光凭处罚是远远不够的。

思　考　题

1. 什么是有效管理幅度？

2. 珠宝企业组织机构设置应符合哪些要求？

3. 一个成功的珠宝企业领导者应具备哪些心理要素？

第六章　珠宝市场及营销管理

珠宝首饰作为企业的产品，需要在市场上进行买卖才能实现价值的增值。而珠宝的价格一方面受到价值的影响，另一方面还要受到需求或者销售方式的影响。

案例： 2001 年 7 月 2 日，北京翰海拍卖行拍卖了一枚清朝中期的白玉带皮扳指，其内径为 2cm，估价 1.5 万元人民币，实际成交价 1.76 万元人民币。如果这件首饰不是古董，那么一件相同质地样式的首饰价格将不会高于 2 000 元人民币。

由此可见，正常交易价通常较竞买价低，商品的价格受到销售方式影响，营销在价格取向中非常重要。另外珠宝这种商品不仅具有商品价值还具有艺术和收藏价值以及科学研究价值，这些促成了珠宝市场多元化特征。

第一节　珠宝及其市场

随着人们收入的提高，珠宝首饰越来越成为人们生活中不可缺少的物品。目前，国内也出现了越来越多的珠宝专业市场和集散地，例如河南南阳，广东揭阳、广州等地，江苏东海，浙江诸暨等地。

一、珠宝及其价值

按经济学定义，珠宝不属大宗商品，而属于奢侈品的范畴。珠宝既是一件商品，又是一件艺术品，具有经济价值、艺术价值、历史价值和科学价值。如图 6－1 所示。

（一）珠宝的价值形成

1. 珠宝价值的决定

按照政治经济学的理论，珠宝的价值由社会必要劳动决定，而西方经济学的观点认为，珠宝的价值由供求决定。笔者认为，珠宝的价值既由社会必要劳动决定，同时又受供求关系的影响。

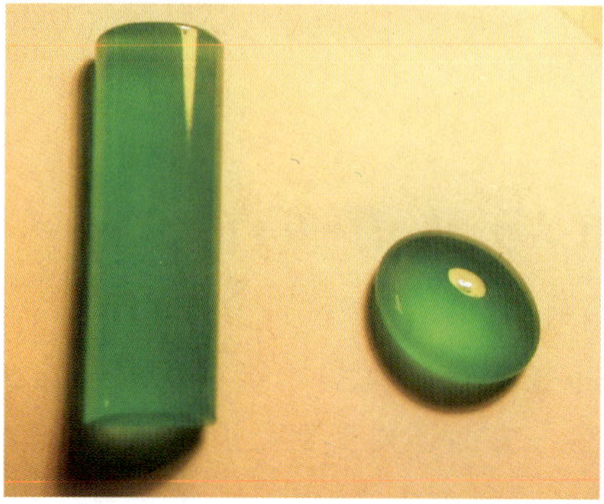

高档翡翠

钻石

图 6-1　珠宝玉石

2. 珠宝价值的构成

通过“勘察→开采→选矿→切磨→镶嵌→销售”一系列的程序（图 6-2，图 6-3），最终构成珠宝产品的价值。珠宝产品的价格随需求的增加而增加，特别是古董类珠宝，由于其唯一性，价格会因需求增加涨幅极巨，可远超于其实际价值。

图 6-2　珠宝矿产的勘察和开采

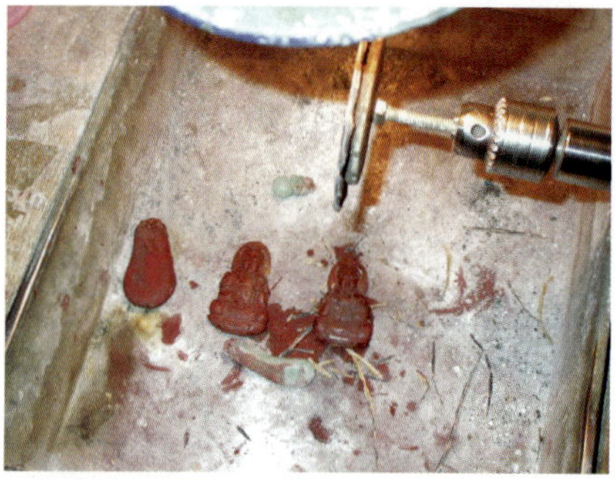

图 6-3　珠宝首饰的加工

（二）影响珠宝价格的因素

影响珠宝价格的因素有很多，在此将其归分为经济因素和其他因素，经济因素又分为短期因素和长期因素。

1. 影响珠宝价格的经济因素

（1）短期因素

①珠宝本身质量因素（宝石的4C、耐久性、稀有性、开采成本等）。珠宝自身质量直接影响到消费者对于宝石的看法，宝石自身的品质通常受宝石的大小、颜色、净度和切工等因素的影响，这里就是指4C评价体系，在钻石的质量评估中尤为明显，除此外，许多彩色宝石也在评价中基本采用了这些指标。显然这些指标和宝石的稀有性、耐久性以及开采成本等因素都与珠宝的价格正相关，这些因素要求越高，价格也就越高。

②市场状况及性质（是指市场完备度如何，是买方市场还是卖方市场等）。珠宝市场的性质是指所在市场处于经济学中常叙述的完全竞争市场、垄断竞争市场、寡头垄断市场、完全垄断市场等，处于不同市场性质中的珠宝首饰的价格决定因素不同，也就造成了相同珠宝产品在不同的市场上价格的差异。通常垄断市场的产品价格比完全竞争市场价格要高出许多，虽然完全竞争市场仅是理论上存在，但是在现实生活中，的确存在近于完全竞争的市场。目前国内许多大城市的珠宝市场由于竞争的广泛存在，而且在这个行业很少有贸易或技术壁垒，因此珠宝市场在这些城市中近于完全竞争的市场。珠宝产品类型少，款式相差不大，进出市场自由，价格随行就市（即价格由市场决定），这些特征决定了它们的属性。所以珠宝产品价位相对低，给消费者带来利益。但是在偏远地区，珠宝市场仍然存在有垄断竞争市场、寡头垄断市场、完全垄断市场等。由于上述市场性质决定了在大城市的珠宝市场处于买方市场，而在偏远地区仍然维持卖方市场特点。

③汇率。货币是用来衡量商品的价格或价值的，而汇率是指本币和外币的兑换比例，又被称为货币的价格，比如人民币的外汇牌价。在珠宝产品标价不变的情况下，如果人民币升值，即换得同样数量的人民币需要更多的外币（例如美元），如果使用美元来购买同样价格的珠宝，则需要花费更多的美元，也就抑制了出口。

④供求状况。供给和需求的变化会直接影响宝石的价格，按照需求-供给定理，在某种商品供给量不变的情况下，需求增加则商品价格增加，需求下降则商品价格下降；在某种商品需求不变的情况下，供给增加则商品价格下降，供给减少则商品价格上升。因此，珠宝市场上某种珠宝产品的价格变化也同样按照上述规律在变化。

(2) 长期因素

①国民生产总值(GNP)。国民生产总值是一定时期内，由本国公民所创造的生产价值。这一值的大小直接影响他们的富裕程度，在人口数量不变的情况下，国民生产总值越大代表人们越富裕。因此，人们就越有能力进行珠宝首饰这些昂贵商品的消费。

②国民经济增长幅度。国民经济增长幅度越大，在高于人口增长幅度的情况下，人们可支配收入就越多，而珠宝产品的收入—需求弹性 E_I 常大于1。在经济学中珠宝首饰被划分为奢侈品范畴，正是因为珠宝企业产品这一特性，珠宝首饰对消费者收入(即对经济增长或萧条)反应敏感。因此，国民经济增长幅度越大，通常人们对珠宝产品的消费就会以更加快的速度增长。

③通货膨胀。引起通货膨胀的因素很多，通常货币的发行速度超过经济增长速度时会造成通货膨胀，通货膨胀并没有使全体国民的收入减少，而会使那些有固定收入的人(例如国家公务人员、事业单位人员等)收入相比减少，通货膨胀造成社会分配不公。所以通货膨胀对于珠宝首饰消费的影响是复杂的，影响比较直接的是降低了有固定收入的人对珠宝首饰的消费，但是另外一些人会感觉收入增加了，进而扩大了对珠宝首饰的消费，所以最终结果取决于人们的偏好和预期。

④失业率。通货膨胀虽然对于珠宝首饰消费的影响是复杂的，但失业则对珠宝首饰消费的影响是直接的。失业率增加，人们收入减少，直接会减少对珠宝等奢侈品的消费，而且由于珠宝产品的收入—需求弹性 E_I 常大于1的特点，对于珠宝等奢侈品的消费会以更大的比例减少，转而增加食品等必需品在收入中的比例。通常，失业率为3%～5%时，一个国家就实现了充分就业，而失业率为10%～20%时，珠宝首饰的消费会明显下滑，珠宝首饰的价格也会因此回落，成本高的珠宝企业获利微薄或者倒闭。

2. 政治及其他因素

(1) 政府的决策以及各项法规制度

政治对经济的影响是明显而直接的，政府通常并不直接干预市场，而是通过宏观调控来引导经济的发展。政府的各项决策以及无论使用财政政策还是货币政策，它们对于珠宝首饰消费和价格同样会有明显的影响。例如，国家税务总局对目前的所有钻石饰品征收特别消费税，而珠宝企业会把税赋通过提升钻石首饰的价格，将其转移到消费者手中，人们感觉到钻石首饰价格的上涨，直接影响到人们对于钻石首饰的消费支出。

(2) 历史文化因素

一个国家的历史和文化，造就了今天人们一部分消费观念。例如在清朝时期康熙年间的官印开始使用高档翡翠来制作，到了慈禧太后垂帘听政时期，由于西太后喜爱翡翠，致使翡翠饰品在中国广为流行。而文化对于珠宝首饰的影响也是直接的，人们将君子比如玉，曰“君子如玉，温文而雅”；文天祥曾写到“宁为玉碎，不为瓦全”。这些人文文化对于人们心理和行为的影响，在对珠宝首饰偏爱中表现得淋漓尽致。

（3）传统心理

传统心理对于珠宝首饰消费的影响也很明显，进而影响到珠宝首饰的价格。例如，人们心理总是觉得玉石能保平安，所以很多消费者会买玉石来佩带，在购买玉石中也流传这样一句话“男戴观音，女戴佛”。显然，传统心理不仅影响人们的价值观念和取向，也影响了人们对珠宝首饰的偏好和价格。

（4）战争

通常在战争的地方，人们对于未来的预期是不确定的，会减少珠宝首饰的消费，因此珠宝首饰在这一时期的价格会因此而偏低。在另外的国家，有人会利用珠宝首饰的出口获得大量外汇，进而购买武器来继续战争，这就出现了“血腥钻石”。人们痛恨这样的行为，但是在二战期间，以色列人是世界上做珠宝生意非常成功的民族，当纳粹屠杀犹太人的时候，正是因为犹太人会做钻石生意，他们在逃难时身上仅带有钻石，再在一个新的地方卖掉钻石，获得必需的生活物资，钻石挽救了他们。

（5）地域因素

地域因素对珠宝首饰价格的影响主要体现在两个方面：资源和环境。某种宝石资源丰富的国家，该珠宝产品供给相对富裕，在需求不变的情况下，价格会下降，所以需要扩大出口。中国总体来说，珠宝资源并不是非常丰富，相对贫乏，许多名贵宝石，例如祖母绿、欧泊、红宝石等都没有值得开采的矿床，因此需要进一步开展地质普查工作。另一方面，地域的不同造成生活环境（如温度等）的巨大差异，在天气炎热的地方，人们喜爱佩带性凉的宝石（例如南亚许多国家喜爱红宝石），而在天气寒冷的地方，人们喜爱佩带性温的宝石（例如北欧等国人们喜爱珍珠、琥珀、龟甲等宝石）。

除了上述因素造成人们对于珠宝首饰偏好的差异、影响珠宝首饰价格外，还有许多其他因素也影响了它们的价格，这里不再一一列举。

3. 珠宝的估价

（1）估价类型

可分为正式（formal）估价和非正式（informal）估价。

（2）估价目的

①为新货置价格（值）；

②为旧货重置价格（值）；

③为古董重置价格（值）；

④判断商品市场价值。

（3）估价用途

珠宝评估主要用于以下几个方面：保险、比较评估、损坏声明、财产分割、贷款担保、出售或再销售、清算变现。

（4）估价方法

珠宝评估采用的方法主要有两种，成本法和市场比较法。

（5）影响因素

影响评估结果的因素有两方面，质量因素和市场供求。

二、珠宝市场

珠宝市场是珠宝首饰进行销售和流通的领域，是珠宝企业实现利润和珠宝消费者获得商品的地方。

国内外主要存在的珠宝市场方式有：珠宝首饰商场、专柜、珠宝首饰专卖店、零售店，珠宝首饰展销会、洽谈会，珠宝网上贸易、电子商务，珠宝首饰期货等方式。无论哪一种方式都可以使用直接销售和间接销售渠道。

1. 国际珠宝市场

具有关资料统计，当今世界珠宝首饰需求量每年以5%～10%的幅度增加，价格以8%～12%的幅度增长，世界宝玉石贸易总额也逐年增加。20世纪50年代，世界宝玉石贸易总额仅为2亿美元；到70年代中期约250亿美元，而目前已超过1 000亿美元。

对于年珠宝首饰消费总量，据 Zuowei Yin，Adams John and Omar Maktoba（2006）研究表明（表6-1），美、英、中三国2001—2005年珠宝消费总量，其中美国排在第一位，且珠宝首饰年消费量比英国（或者中国）多出近50%，中国和英国珠宝首饰的消费量相当。

表6-1　2001—2005年美、英、中三国年珠宝消费总额

（单位：10亿美元，以现行价格计算）

消费总额 ＼ 年份 国家	2001	2002	2003	2004	2005
美国年珠宝首饰消费总额	13.03	14.89	15.33	16.40	17.67
英国年珠宝首饰消费总额	8.61	9.51	10.21	10.90	11.47
中国年珠宝首饰消费总额	8.29	9.36	9.87	10.37	11.58

据 Zuowei Yin，Adams John and Omar Maktoba（2006）

上述计算按照以下汇率计算：

美元对英镑为 185∶100，美元对人民币为 100∶820。

根据表 6-1，获得图 6-4，可以更加直观的看出美、英、中三国目前珠宝消费状况。

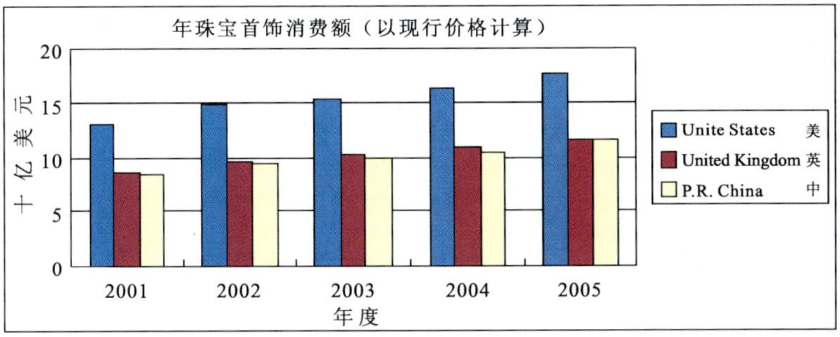

据Zuowei Yin, Adams John and Omar Maktoba（2006）

图 6-4　2001—2005 年美、英、中三国年珠宝首饰消费量对比

对于钻石饰品的消费，据 HRD 统计（图 6-5），美国占 50%，中东占 11%，欧洲占 10%，亚太地区占 10%，日本占 9%，其他国家和地区占 10%。

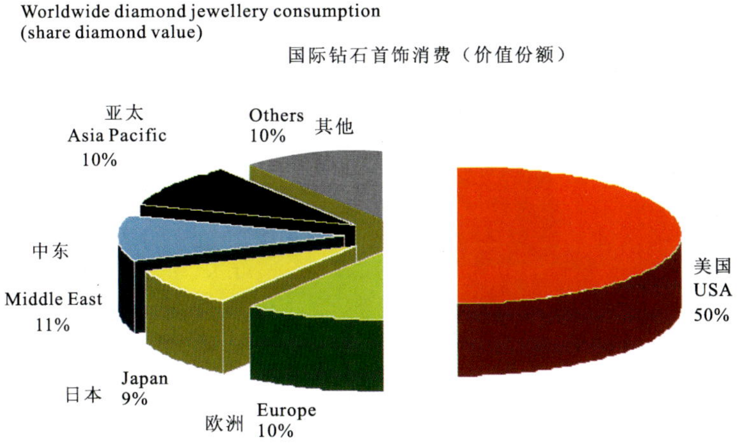

图 6-5　2005 年全球钻石饰品消费统计（资料来源于 HRD）

宝玉石贸易已成为许多国家（如泰国、缅甸、斯里兰卡、南非等国）外汇的主要来源。

以泰国为例，宝玉石出口额 1981 年只有两亿美元，到 1993 年增长到 22

亿美元，平均每年增长率达 20%。全国有 160 万人从事宝石开采、首饰加工和销售，珠宝产业已成为国家主要产业。

博茨瓦纳曾经是非洲最贫穷的国家之一，全国 3/4 的土地被沙漠覆盖，一百万居民几乎都是文盲，但 1967 年在其奥拉帕（Orap）地区发现世界第二大钻石矿床以来，短短 20 年，这个国家的钻石工业从无到有，现已成为继扎伊尔之后的世界第三大钻石生产国。滚滚而来的钻石外汇有力地推动了本国政治、经济、社会文化的发展，人民的生活水平也得到了很大的提高。

当今，在经济发达国家，珠宝首饰消费已成为人民生活的重要组成部分。据统计，目前世界首饰消费大国为美国、日本，以及英国、中国、加拿大、德国、法国、意大利、瑞士、香港、新加坡等国家或地区。

2. 中国的珠宝市场

（1）概况

中国是人类古老文明的重要发源地之一，在开发利用天然宝玉石方面具有悠久的历史和灿烂的文化。中国的玉雕工艺，技术精湛（图 6－6），闻名中外，素有“玉雕之国”的美称，在世界珠宝市场上享有盛誉。

图 6－6　玉雕“佛光普照”由袁嘉骐设计及制作

但中国的珠宝市场，由于历史原因，在 20 世纪 40～70 年代发展缓慢，80 年代改革开放以后，珠宝贸易得以迅速发展。随着国产钻石（瓦房店、蒙阴、沅江）、蓝宝石（昌乐）产量的增加，进出口的高档宝石有了很大的增加，加工工艺、设计款式也有了突飞猛进的发展。1998 年以前，中国的珠宝市场处于卖方市场阶段，之后处于买方市场阶段（图 6－7）。

图 6-7　广东省的部分珠宝市场

(2) 存在的问题

①市场上商品结构还较单一。目前，黄、白金占珠宝市场交易额的70%以上，宝玉石交易占20%～30%，这是由于我国传统的黄金保值的观念造成的。在宝玉石交易中，种类也主要限于钻石、红、蓝宝石和翡翠，而且主要为钻石。

②市场上企业规模小，处于完全竞争的市场结构中。国内许多珠宝公司员工只有几十人到上百人，生产的产品也几乎类似，款式雷同，缺乏创新。主要的首饰加工地集中在深圳、上海和北京几个城市，一旦哪家公司推出新款，立即就会被模仿。企业之间处于完全竞争状态，没有一家企业可以垄断价格，珠宝饰品价格逐渐回落，厂家获利减少，情况有利于消费者。

③贵金属管理体制造成市场不公平竞争。目前，国家逐渐放开对黄金的管制，在以往，黄金由银行统一管制，而管制造成加工业的不公平竞争，黄金走私严重。

④税赋较高。进口钻石原料要上缴7%的进口税，而一般钻石加工业的利润约5%。进口首饰成品其关税为100%，增值税17%，还有5%的钻石饰品特别销售税，这使国内的珠宝销售商难以承担。税赋过高限制了国内珠宝产业的发展，在某些地区，逃税现象严重。随着我国加入WTO，中国会分阶段降低关税，关税的降低会减少对本国企业的保护，引来国外企业的竞争，但也会使国内的珠宝企业得以进步。

⑤投资规模过大。“珠宝热”几度兴起，许多部门加入到珠宝行业，银行、地矿、外经贸、钢铁公司以及各种私营企业一哄而起，造成投资规模过大，而消费者的购买力有限，市场很快饱和。再加上企业的生产经营方式陈旧，品牌

之间竞争激烈，大打“价格战”，长此以往，不利于珠宝市场的健康发展。

⑥工艺落后，产品缺乏竞争力。目前国内首饰生产加工工艺滞后，技术装备落后，产品难以打入国际市场。深圳的许多加工厂不得不聘请香港的专业人员来指导生产，但只能为国内市场服务。

⑦消费者对珠宝产品缺乏了解。由于珠宝市场仍不够成熟，以及宝石学教育开展不够普及，国内大多消费者仅认可黄白金、钻石首饰，在一次调查中，有 80%以上的人不知道什么是祖母绿、金绿宝石，消费者的消费趋向造成市场上产品单一，限制了珠宝市场的进一步发展。

珠宝知识的普及，需要珠宝教育机构、珠宝企业的大力推广，增加人们对珠宝知识的了解。

虽然国内珠宝市场还存在上述问题，从 Zuowei Yin，Adams John and Omar Maktoba（2006）研究表明（图 6－8 和图 6－9）：根据中国的弹性曲线，当个人可支配弹性收入—需求弹性 E_I大于 1（根据微观经济学定义，珠宝首饰作为奢侈品，其弹性应该大于 1）时，即收入增加 1 倍，珠宝消费则以大于 1 倍的速度增长；此时的个人可支配收入应该是每年 1 541 美元。也就是说，当中国个人可支配收入每年达到 1 541 美元时，中国的珠宝产业才能正常的快速发展。根据中国国家统计局公布的数字，2005 年中国个人可支配收入达到 1 380美元，根据目前中国经济发展速度，2006 年之后，中国的珠宝产业就会实现上述快速健康的发展，因此，2006 年应该是珠宝行业具有里程碑意义的一年。

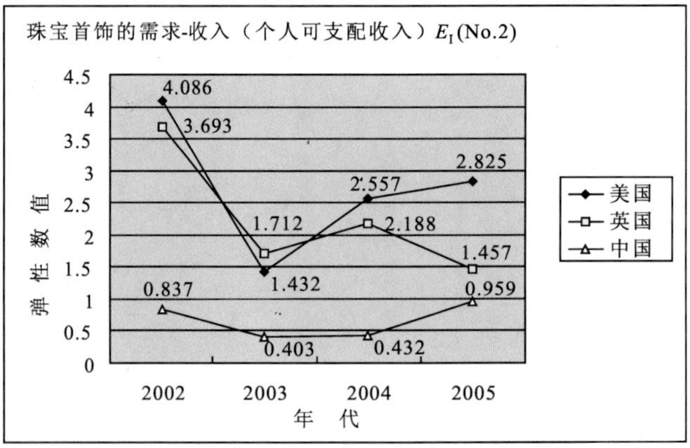

图 6－8　美、英、中三国珠宝首饰的个人可支配收入一需求 E_I 弹性变化曲线（2002—2005 年）

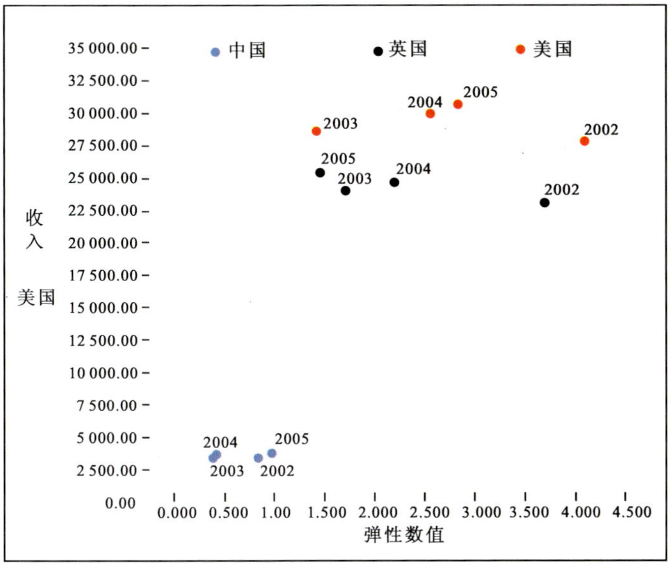

据Zuowei Yin, Adams John and Omar Maktoba（2006）

图 6-9　中、美、英三国的个人可支配弹性收入一需求 E_I 与个人可支配收入的相关曲线

第二节　珠宝营销的观念及制约因素

珠宝市场营销是指个人或企业通过对思想（如计策、主意）、珠宝产品和劳务在构思、定价、促销和渠道等方面的计划和实施，达到个人或企业预期目标的交换过程。它包括两个方面：

一是寻找和发现消费者需要的产品或服务；

二是用恰当的方式、以消费者乐意接受的价格，向其提供这种产品或服务。

一、市场营销的观念

市场营销作为一种有意识的经营活动，总是在一定的思想或观念指导下进行的。市场营销观念经历了以下几个阶段。

1. 生产观念

生产观念是指企业一切经营活动以生产为中心，围绕生产来规划与安排一切业务，即“以产定销”，也称生产导向观念。这一传统经营思想盛行于19世纪末到20世纪30年代。“能生产什么，就卖什么；能生产多少，就卖多少。”随着生产力的发展，这一观念逐渐被其他观念取代。生产观念适用于一定条件，一是在短缺经济条件下，产品供不应求；二是产品潜在需求大，但因成本过高难以转化为现实需求。

2. 产品观念

产品观念是指以产品为中心的营销观念，认为只要产品质量好、功能全，就不存在销路问题。所谓“皇帝的女儿不愁嫁”、“好酒不怕巷子深”，好产品就不用做广告。这一观念只注重追求产品质量及功能，忽视了产品的推销和消费者需求的变化。

3. 推销观念

推销观念是指以现有产品的销售为中心，增加销售量促进生产的观念，企业集中力量采用各种手段，主要以广告和人员推销为主要手段，刺激消费者购买产品。在20世纪30～50年代，这一观念盛行于西方国家。

较前两种观念而言，推销观念有所进步但仍有不足之处。推销是必要的，但仅靠推销是远远不够的，例如面对性能好的彩电，让最优秀的推销员来推销黑白彩电，也难有新招。不注重产品变化，只注重推销技巧，企业将难以生存。

4. 市场营销观念

市场观念是以市场为中心的观念。根据市场的需要来组织生产，市场需要什么，企业就生产什么。“一切为了顾客”、“顾客就是上帝”的经营方针是该观念的体现。市场营销观念实现了企业由生产导向型向市场导向型的转变，适应了消费者需求的变化，更好地满足了消费者的需求。这一观念的弱点是企业完全围绕市场的不经济性。

5. 生态营销观念

生态营销观念强调企业要把市场的需要同自身的优势结合起来。企业既要满足市场需要，又符合自身优势，扬长避短，保证企业生存和发展。

6. 社会营销观念

社会营销观念强调企业营销活动不仅要发挥自身的优势，满足消费者的需要，还要兼顾消费者和社会的长远利益。

7. 大市场营销观念

大市场营销观念是指企业为了进入特定的市场，除采用传统策略（如产品策略、定价策略、促销策略、分销策略等外），还采用政治策略、公共关系策略、心理策略等等，从而实现营销策略多元化。

大市场营销观念有三个特征：第一，变不可控环境为可控环境，如通过政治手段消除贸易保护；第二，变适应市场需求为改变市场需求；第三，变传统4p's（product 产品策略、price 价格策略、promotion 促销策略、place 分销策略）营销组合为6p's（4p's、political power 政治力量、public relation 公共关系）营销组合。

二、制约珠宝营销的因素

在珠宝营销过程中，有些因素会直接影响到最终的结果，这里将这些因素分为可控因素和不可控因素两类。

1. 可控因素

（1）产品

珠宝首饰产品在销售中应注意：

①珠宝首饰的品种；②珠宝首饰的款式、工艺水平；③宝玉石的质量；④珠宝首饰的包装；⑤售后服务。

优质产品应质量高而稳定，款式新颖。

（2）价格

价格可由企业控制，根据市场情况，决定利润率。同时前文讲述的影响价格的各种因素中，有些是可以控制的。

（3）销售渠道

销售渠道又称流通途径，指商品从生产者手中到消费者手中所经历的全部过程。涉及到商品的批发、零售、运输、储存等一系列流通环节，正确选择好这些途径，可以省时省力，是企业可自行决定的可控因素。

（4）促销

将商品有关信息通过向消费者宣传报道、推荐说服、刺激消费欲望、达到消费目的的一系列开拓市场的方法称促销。

（5）营销者经验

丰富的经验可以有效地增加商品流通量及速度，合理地控制库存，恰当地使用公共关系和人事关系，达到提高销售的目的。

2. 不可控因素

（1）管理体制

管理体制是指国家对珠宝业发展所制定的相应宏观政策，例如宝玉石进口原料的关税政策、贵金属管理政策、税收政策、近期开始全面征收的特别消费税的政策，这些严重影响着行业的发展。例如，在泰国，其迅猛发展的珠宝业有赖于其豁免首饰原料的进口税、出口税，周边国家纷纷来料加工，使泰国珠宝业从加工到销售逐渐红火起来。

（2）国民收入水平

国民收入水平即一个国家或地区的贫富状况，国民收入高的国家，如美国、日本等国家，珠宝贸易额相对高一些。国家富裕程度通常用恩格尔系数来衡量。

恩格尔系数：η=收入中用于食品方面的支出 /总收入（η值越小，国民越富裕）

（3）国民文化水平

国民受教育程度以及对珠宝知识了解程度都制约了珠宝的营销过程。

（4）战争等其他因素

战争或者巨大灾难都对珠宝消费有影响，通常会削弱珠宝消费量。具体影响程度可参考文献 Zuowei Yin，Adams John and Omar Maktoba（2006）。

第三节　珠宝销售策略

企业产品生产出来之后，必须经过一定的通道转移到消费者手中，这称之为销售渠道（分销渠道）。作为沟通生产者与消费者之间的纽带，销售渠道有非常重要的作用。

以江苏省某工艺水晶/玻璃制品厂为例，最初企业产品的销售完全依靠推销员，销售额相当有限，但不久以后，企业通过人事关系在许多省市找到了代理商，产品走到全国各地，凭着过硬的质量，代理商的积极开拓，该企业的产品很快在市场上占有一席之地。而企业也取消了直销的方式，以保证代理商的利益。目前企业年销售额 3 000 余万元，企业员工有 80 余人，人均销售额近 40 万元，这种分销渠道所带来的利润，较原来上门推销的方式所带来的利润不知扩大了多少倍。由此可见产品销售渠道的重要性。

一、销售渠道的选取

1. 珠宝产品销售渠道的长度和宽度

（1）珠宝产品销售渠道的长度

通常指珠宝产品从生产者手里产出、最终到消费者手中整个过程的中间环节或层次的多少。没有中间环节的销售叫直接销售，简称直销。所经历的中间环节越多，消费渠道就越长，反之就越短。

(2) 珠宝产品销售渠道的宽度

是指一个时期内销售网点的多少，网点分配的合理程度以及销售数量的多少。企业通常采用多设销售网点的做法，也就是加宽销售渠道。

2. 珠宝产品销售渠道的种类

(1) 直接销售渠道

珠宝企业→最终消费者

(2) 多级销售渠道

珠宝企业→批发商→零售商→最终消费者

多级销售渠道又称间接销售渠道，中间环节都称为珠宝中间商。

(3) 多层次销售渠道

珠宝企业→珠宝总代理→珠宝批发商→珠宝零售商→最终消费者

珠宝企业→珠宝批发商→珠宝零售商→最终消费者

珠宝企业→珠宝批发商→最终消费者

珠宝企业→珠宝零售商→最终消费者

珠宝企业→最终消费者

多层次销售渠道比较复杂，分为五个层次（实际为五个销售渠道），12个中间环节。

选取怎样的销售渠道仅是手段问题，如何提高企业效益才是核心问题。

3. 影响销售渠道选取的因素

(1) 产品因素

①产品价格：出厂价和零售价两者的差值幅度；

②产品的重量与体积；

③产品的技术性；

④产品的寿命：珠宝产品自然寿命较长，但其艺术寿命变化较快；

⑤产品的重要性：是指产品是否受欢迎；

⑥新品种、新款式多久会被接受。

(2) 市场因素

①市场容量：市场容量大，如大城市，可采用短渠道；反之，市场容量小，如偏远山区，则可采用长渠道；

②市场分布和顾客集中度：市场分布越少，顾客越分散，企业所选择的分销渠道就越宽越长，如在西藏等地区；

③竞争者的渠道策略：了解对方的策略，有利于采取合理的应对方法；

④市场前景：市场前景好，分销渠道则长且宽，反之，短而窄。

（3）企业本身

①企业规模：企业大，资金雄厚，可采用短渠道；企业小，资金薄弱，可借助分销商，采用长渠道。

②企业效益：一般而言，企业自销的费用为相对固定数量，分销商分销的费用随销量的增加而增加，如图 6－10 所示。

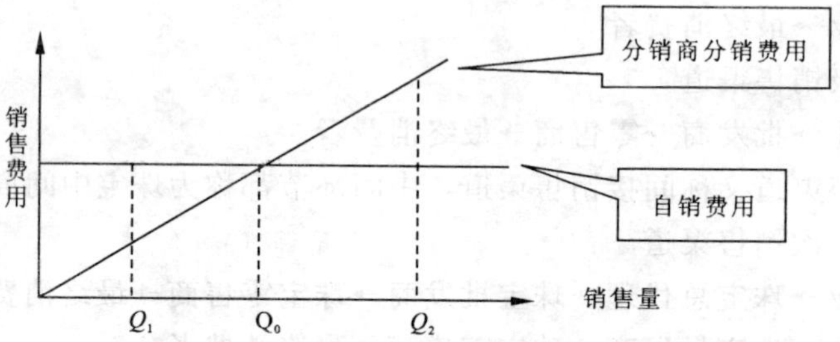

图 6－10　珠宝销售费用曲线

通过图中可以看出：当销售量为 Q_1 时，自销费用＞分销费用，可用间接销售渠道；而当销售量为 Q_2 时，则采用直销。

③企业声誉：没有树立起企业形象的公司可采用分销；企业知名度高，一般可用短渠道或直销。

4. 分销商的选择与管理

分销商，又称中间商，包括代理、批发商和零售商，他们的作用不容忽视。分销商可以帮助企业扩大销售规模和销售量，有时他们的政治力量、公共关系带来的收益比企业想象的要大得多，但问题是如何选取和管理分销商？

（1）如何选择分销商

首先企业必须从了解自我开始，要明确建立销售网的目的、所生产产品的种类、数量和质量、市场的需求状况、竞争状况、消费者的结构和消费水平及市场的变化趋势，然后有针对性的选择分销商。

同时，也要让分销商充分的了解企业和产品，使他们对企业感兴趣、有信心，认为自己有利可图。

在选择的过程中，企业要认真处理，决不能马虎，必须对对方有充分的了解，在摸清对方情况之后，适时提出。简而言之，在选择分销商时，要本着经济效益最好、风险最小的原则。需要了解中间商的信息包括：

①对方的信誉、经济实力、从业时间和人事状况；

②市场占有率、销售人员的素质和销售成本；

③零售店所在位置（是否在市中心？人流量如何?）。

（2）如何管理分销商

分销渠道是死的，分销商是活的。只有对分销商有效的管理，才能保证分销计划的完成。分销商的管理包括以下内容：

①正确选择中间商；

②建立中间商档案；

③及时的沟通，进行结算或清算；

④定期对中间商进行业绩评估；

⑤采用恰当的调整。

5. 展销在珠宝销售中的作用

珠宝展销会作为珠宝销售的重要渠道之一，是伴随珠宝业的发展而发展起来的，珠宝展的发展又推动了珠宝业的发展，不论发达与不发达国家均是如此。

我国举办珠宝展的历史很短，但它的作用是有目共睹的。展销这种销售手段，带动了探采、工、贸整个珠宝业的全面发展。各地珠宝展，特别是在省会级城市所举办的珠宝展越来越频繁，1991 年仅举办过一次珠宝展，1992 年两次，到 1996 年已有几十次；从参展厂家数量来说也有很大的增幅，第一届有 40 多家参展，到第六届发展到 260 多家，但由于市场竞争日益激烈，第七、第八届参展厂家数量有所下降，分别为 180 家和 124 家；交易额从第一届不到 100 万元发展到第六届的 5 317 万元，其中零售额从 19.4 万元涨至 818 万元。由此可见，珠宝展是企业销售珠宝、宣传企业文化及品牌的重要场所。

目前国内以上海、北京的珠宝展较为闻名，广交会也有部分珠宝展区。

国际上著名的珠宝展有：

（1）美国纽约 J. A 国际珠宝展（Jewellery Trade Show of America）；

（2）瑞士巴塞尔欧洲钟表珠宝展；

（3）意大利 Orogemma 珠宝钟表展（维琴察 Vincenza）；

（4）德国 Inhorgenta 珠宝钟表展（慕尼黑）；

（5）比利时 Jedifa 珠宝钻石及钟表展；

（6）英国伦敦国际珠宝钟表及银器展；

（7）香港国际珠宝钟表展（Hong Kong Jewellery & Watch Fair）。

表 6－2 列出了世界各地部分著名的珠宝展示会，供参考。

表 6-2 国际部分著名珠宝展

some Jewellery Industry Events & Shows:

Jun 30 - Jul 2	**The International Gem and Jewelry Show** Maryland State Fairgrounds Timonium, MD USA Ph: (301) 294 - 1640
Jul 7 - 9	**The International Gem and Jewelry Show** Bayside Expo Center Boston, MA USA Ph: (301) 294 - 1640
Jul 13 - 16	**7th Beijing International Jewellery Fair** China World Trade Centre Beijing, China Ph: (852) 2561 - 5566
Jul 14 - 16	**The International Gem and Jewelry Show** Reliant Center Houston, TX USA Ph: (301) 294 - 1640
Jul 15 - 16	**Summer Bead and Gem Fest** Pontchartrain Center Kenner, LA USA Ph: (504) 455 - 6101
Jul 15 - 19	**Independent Jewelers Organization** Reno Hilton Reno, NV USA Ph: (203) 846 - 4215
Jul 21 - 23	**Philadelphia Buyers Market of American Craft** Pennsylvania Convention Center Philadelphia, PA USA Ph: (800) 432 - 7238
Jul 24 - 25	**International Watch & Jewelry Guild, Inc** Gold Coast Hotel Las Vegas, NV USA Ph: (713) 783 - 8188
28 - Jul	**GIA's Jewelry Career Fair** Jacob K. Javits Center New York, NY USA Ph: (760) 603 - 4000
Jul 30 - Aug 2	**JA International Jewelry Show** Jacob K. Javits Convention Center New York, NY USA Ph: (646) 654 - 4983
Aug 5 - 8	**Feninjer - National Fair of the Jewels Watches and Related Articles Industr** Transamerica Expo Center Sao Paulo, Brazil Ph: 5561 3326 3926 3328 6721
Aug 5 - 7	**GTS Greensboro Jewelry Expo** Greensboro Coliseum Complex Greensboro, GA USA Ph: (770) 410 - 9771
Aug 5 - 8	**RJO Fall Buying Show** Northern Kentucky Convention Center Cavington, KY USA Ph: (800) 247 - 1774
Aug 10 - 13	**Malaysia International Jewellery Fair 2006 (MIJF 2006)** Mandarin Oriental Hotel Kuala Lumpur, Malaysia Ph: (603) 9058 8772
Aug 11 - 13	**Arkansas Jewelers Association Convention** Peabody Hotel Little Rock, AR USA Ph: (972) 743 - 5403
Aug 12 - 14	**The Atlanta Jewelry Show** Cobb Galleria Centre Atlanta, GA USA Ph: (800) 241 - 0399
Aug 13 - 15	**Jewellery World Expo** National Trade Centre Exhibition Place Toronto, Canada Ph: (416) 368 - 7616

续表 6－2

Aug 19－20	**Columbus Jewelry Show** Greater Columbus Convention Center Columbus, OH USA Ph: (800) 652－6257
Aug 19－22	**New Orleans Gift and Jewlery Show** Ernest N. Morial Convention Center New Orleans, LA USA Ph: (630) 241－9865
Aug 20－21	**The West Coast Jewelry Show** Anaheim Convention Center － Hall E Anaheim, CA USA Ph: (516) 377－5909
Aug 21－24	**NAJA － 25th Annual Mid Year Education Conference** TBA San Diego, CA USA Ph: (718) 896－1536
Aug 26－27	**Gemological Research Conference** Manchester Grand Hyatt Hotel San Diego, CA USA Ph: (760) 603－4000
Aug 26－29	**Memphis Gift and Jewelry Show** Memphis－Cook Convention Center Memphis, TN USA Ph: (630) 241－9865
Aug 27－29	**Expo Prestige 2006** Palais des Congres of Montreal Montreal, Canada Ph: (514) 485－3333
Aug 27－29	**International Gemological Symposium 2006** Manchester Grand Hyatt Hotel San Diego, CA USA Ph: (760) 603－4000
Aug 28－31	**JCK at Magic** The Hilton Hotel Las Vegas, NV USA Ph: (800) 257－3626
Sep 1－3	**AMBERMART－International Amber Fair** Trade Fairs Center Gdansk, Poland Ph: 48 58 55 49 134
Sep 1－4	**Bijorcha－Eclat de Mode** Paris Porte de Versailles Exhibition Center Paris, France Ph: (212) 957－0932
Sep 3－6	**Autumn Fair Birmingham** National Exhibition Center Birmingham, UK Ph: 44 (0) 845 051 2610
Sep 6－10	**International Fashion Jewelry and Accessory Show** Crowne Plaza Hotel Warwick, RI USA Ph: (401) 295－4564
8－Sep	**Lone Star GIA Associates & Alumni Annual Seminar** Gaylord Texan Resort & Convention Center Grapevine, TX USA Ph: (214) 739－4848
Sep 9－11	**Midas Texan Show** Gaylord Texan Resort and Convention Center Grapevine, TX USA Ph: (972) 660－3831
Sep 9－13	**OROGEMMA** TBA Vincenza, Italy Ph: 39 0444 969111
Sep 10－12	**International Fashion Jewellery & Accessories Fair** Dubai International Exhibition Center Dubai, United Arab Emirates Ph: 971 4 3438884
Sep 13－17	**38th Bangkok Gems & Jewelry Fair** Impact Exhibition & Convention Center Bangkok, Thailand Ph: (662) 630 1390/7
Sep 14－18	**Iberjoya International Jewellery, Silverware, Watch and Auxiliary Industrie** Parque Ferial Juan Carlos I Ifema feria De Madrid Madrid, Spain Ph: 91－7223000

续表 6-2

Sep 15 - 17	**Euro - Bijoux & Accessories** Casa de Campo Madrid, Spain Ph: 0034 971 36 03 13
Sep 18 - 19	**International Watch & Jewelry Guild, Inc** Gold Coast Hotel Las Vegas, NV USA Ph: (713) 783 - 8188
Sep 18 - 23	**Hong Kong Jewellery & Watch Fair 2006** Hong Kong Convention and Exhibition Centre Hong Kong, China Ph: 852 2516 1636/1677
Sep 18 - 21	**Asia's Fashion Jewellery & Accessories Fair** Asia World - Expo Hong Kong, China Ph: 852 2516 1636/1677
Sep 19 - 23	**Hong Kong Jewellery & Watch Fair 2006** Asia World - Expo Hong Kong, China Ph: 852 2516 1636/1677
Sep 20 - 24	**Portojoia - 17th International Jewellery, Gold and Watch Exhibition** Exponer - Oporto International Fair Leca de Palmeira, Portugal Ph: (357) 808 307400
Sep 22 - 24	**Hondiny A Klenoty 2006 (Watches and Jewels)** Prague Exhibition Grounds Prague, Czech Republic Ph: 420 220 103 478
Sep 23 - 25	**GTS Florida Jewelry Expo** Osecola Heritage Park Kissimmee, FL USA Ph: 770 410 - 9771
Sep 29 - Oct 2	**Intergem International Trade Fair of Gems, Jewelry and Gemstone Objects** Idar Oberstein Fairgrounds Idar Oberstein, Germany Ph: 49 (0) 6781 - 41015
Sep 30 - Oct 1	**Kraftwerks Invitational Jewelry Manufacturing Seminar Series** Precious Metals West Factory Ontario, Canada Ph: (800) 999 - 7528
Oct - Dates TBA	**12th Malaysia International Jewelex 2006** Kuala Lumpur Convention Centre (KLCC) Kuala Lumpur, Malaysia Ph: (852) 2591 9823
Oct 5 - 8	**JOYA** Expo Guadalajara Guadalajara, Mexico Ph: 52 - 33 31 21 92 38 ext. 105
Oct 6 - 8	**Bead Fest** Fort Washington Expo Center Fort Washington, PA USA Ph: (610) 232 - 5701
Oct 17 - 19	**Diamonds by JCK** Pier 94 New York, NY USA Ph: (203) 840 - 5684
Oct 27 - 29	**The Miami Beach Antique Jewelry, Watch and Fine Silver Show** Miami Beach Convention Center Miami Beach, FL USA Ph: (239) 732 - 6642
Oct 29 - 31	**JA NY Special Delivery Show** Jacob K. Javits Convention Center New York, NY USA Ph: (646) 654 - 4983
Oct 30 - Nov 3	**MidEast Watch & Jewellery Show** Expo Centre Sharjah Sharjah, United Arab Emirates Ph: 00971 6 5770000

续表 6-2

Nov 2-5	**China International Gold, Jewellery & Gem Fair** Shanghai Exhibition Center Shanghai, China Ph: 852 2516 1636/1677
Nov 3-6	**Mid-South Jewelry and Accessories Fair** Memphis-Cook Convention Center Memphis, TN USA Ph: (630) 241-9865
Nov 18-20	**GTS Greensboro Jewelry Expo** Greensboro Coliseum Complex Greensboro, GA USA Ph: (770) 410-9771
Nov 18-21	**International Jewelry Fair/ General Merchandise Show** Ernest N. Morial Convention Center New Orleans, LA USA Ph: (630) 241-9865
Nov 19-20	**International Watch & Jewelry Guild, Inc** Hilton Dallas Lincoln Centre Dallas, TX USA Ph: (713) 783-8188
Dec 7-10	**The 14th Hong Kong International Jewelry Manufacturers Exhibition** Hong Kong Convention and Exhibition Centre Hong Kong, China Ph: (852) 2766-3002
Dec 9-11	**GTS Florida Jewelry Expo** Osecola Heritage Park - Exhibition Hall Kissimmee, FL USA Ph: (770) 410-9771
Dec 11-15	**Watch & Jewellery Dubai** Dubai International Convention & Exhibition Center Dubai, United Arab Emirates Ph: 9714 3086043
Jan. 26-Feb	**J. O. G. S. International Exhibits Gem & Jewelry Show** Tucson Expo Center Tucson, AZ USA Ph: (213) 629-3030

二、目标市场的选择

确定目标市场是市场营销的首要工作。要确定目标市场，首先要对市场进行细分。比如按年龄或消费水平将珠宝首饰市场细分化。

1. 什么是市场细分化

(1) 市场细分化的含义

市场细分化是指企业根据消费者消费需求的差异性，将某个市场划分为若干个消费群的过程。每个消费者群就是一个细分的市场。

(2) 市场细分化作用

①有利于企业发掘市场机会；

②是目标市场选择的前提；

③有利于提高中小企业竞争力；

④有利于小企业寻找生存空间。

(3) 市场细分化的基本原则

①可衡量性；

②有价值性；

③可接近性；

④相对稳定性。

2. 目标市场的选择

在市场细分的基础上，企业必须确定自己的服务对象，即确定企业的目标市场。

(1) 目标市场的概念

目标市场是指企业要进入的市场，它是在市场细分化的基础上，根据企业资源条件决定要进入的市场。其实就是确定企业服务的对象，做到有的放矢。某珠宝企业目标市场定在儿童饰品，开发了一系列的玉饰品和银饰品，效果良好。

(2) 目标市场选择的策略

①无差异目标市场策略：某企业产品能满足所有消费者需求。其优点是产量大、成本低。如岫玉手镯适宜任何年龄段的人。

②差异性目标市场策略：不同产品满足不同细分市场需求。其优点是满足不同消费者需要，扩大市场占有率。

③集中性目标市场策略：企业生产一种或几种产品满足一个或少数几个细分市场消费者的需要。其优点是可集中有限资源从事某些细分市场的专业化经营，但是风险大。

3. 市场定位

企业确定了目标市场后，还要考虑以什么方式进入该市场，这时就要考虑市场定位。

市场定位是企业为了适应目标市场消费者的特定需求，根据企业自身条件和竞争对手的策略，确定企业产品在目标市场上的竞争位置。

通常有三种定位策略（图 6－11）：

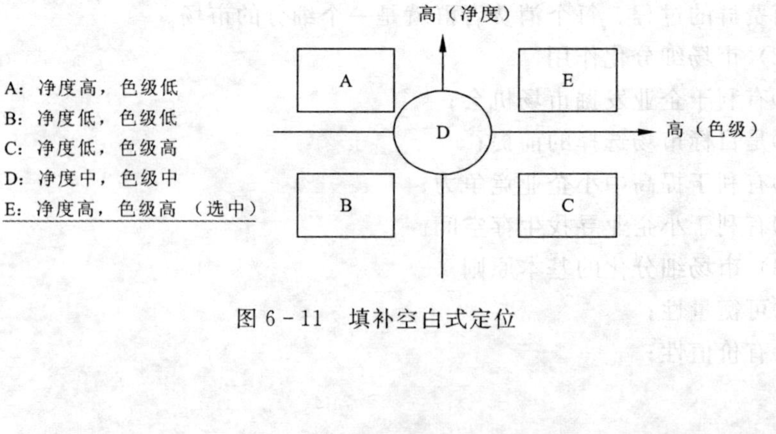

图 6－11　填补空白式定位

(1) 填补空白式定位：指企业经营产品选择市场上有需求但市面极少见到的产品。

(2) 平起平坐式定位：企业销售的产品与其他企业相似，且当市场还有潜力，且企业实力不低于对手，质量也不低于对手时用。

(3) 潜伏式定位：企业面对目标市场上强大的竞争对手，无法与之抗衡，就选择低人一等的定位，等待时机将对手击倒。

例如：某珠宝公司要进武汉某商场，经营某品牌专柜，但实力比不上其他知名品牌，可以避其锋芒，他们打六折，该公司可以反其道而行，不进行打折，而是赠送好的礼品给消费者。

第四节 珠宝产品策略

珠宝产品策略研究的是企业生产什么产品，以何种方式进入市场。

一、现代产品（珠宝产品）的含义

1. 现代产品

指一切能满足消费者需求的物质产品和非物质形态的服务。它不仅包括产品的有形实体，还包括产品的品牌、形式及附加在产品上的各种服务。

2. 珠宝产品

一般来说珠宝产品也具有现代产品的三个组成部分，如图 6 - 12 所示。

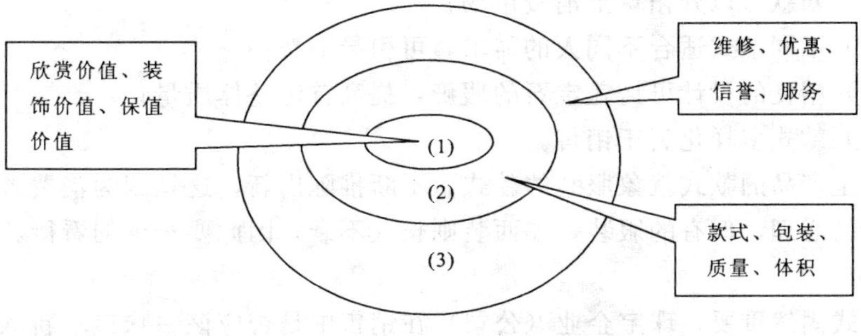

图 6 - 12 珠宝产品构成

(1) 产品的核心：产品的使用价值，如欣赏价值、装饰价值、保值价值。

(2) 形式产品：款式、包装、质量等。

(3) 附加产品：维修、优惠、信誉等服务。

3. 珠宝产品的种类及特性

(1) 种类

珠宝产品根据不同标准可分为不同种类，这里根据产品用途及加工工艺分为六类：

①天然珠宝原石；

②镶宝石首饰类；

③玉器类；

④珠宝工艺品类；

⑤观赏石类；

⑥贵金属饰品。

(2) 特性

①保值性（硬通货）；

②艺术性（珠宝艺术的代表：法国的卡地亚 Cartier）；

③投资性（炒作钻石）；

④文物性（考古发现，新石器时代就有玉器制品）；

⑤需求弹性大（属于奢侈品，对经济反映敏感）。

二、款式在珠宝产品销售中的作用

一种新款被推向市场，能否很快被用户接受，以及多少人购买此款，直接影响到企业的利润和资金周转。因此，款式对珠宝产品的销售起着巨大作用，尤其是对较高层次的消费者来说。其作用如下：

(1) 新款可以开拓珠宝消费市场；

(2) 不同款式适合不同人的需求，可引导消费；

(3) 精良的设计可掩盖宝石的瑕疵，提高首饰整体质量；

(4) 款式多样化利于销售。

珠宝产品的款式就象服装的款式，不断推陈出新，这是因为消费者都有求新求奇的心理，但有的服装，如西装则长久不衰，因此要辨证的看待新款的作用。

款式固然重要，珠宝企业（公司）在销售中是否应该一味追求新款，来促进销售呢？

在珠宝产品销售中，一定既要有“时装”，又要有“西装”，如：六爪皇冠形钻戒，就经久不衰，有些不喜欢夸张的顾客会青睐“西装”，而有些时髦女性会购买“时装”，更何况并非所有“时装”都会受欢迎。而“流行风”每过几年或十几年都会重新刮一次，如今不正是流行“唐装”吗？时尚具有周期性和文化区域性的特征，所谓的“老款”并不是没有市场或不再流行。因此珠宝公司（企业）在选择款式这个问题上，应当以市场为导向，引导消费。

笔者建议一个专柜应铺有10%左右的老款，40%左右的经久款，40%的较新款，以及10%的最新款，这种产品格局将有利于产品销售。

三、珠宝产品的包装

包装是指产品的盛器或外部的包壳和包扎等保护物，是产品经营管理的一个重要方面。

1. 包装的作用

（1）保护商品：包装的最基本功能，有首饰盒、袋等。

（2）促进销售：随着理智消费越来越深入人心，“买椟还珠”已不再可能，但精美的包装会更容易赢得顾客的注意和信赖。

（3）增加利润：精美的包装将抬高产品的售价，有更大的利润空间。

（4）广告宣传：包装上的印刷物无形中对企业和产品做了宣传。

2. 包装的要求

（1）包装应与商品价值相称，既不能自贬身价，又不能“金玉其外，败絮其中”；

（2）包装的造型应美观而大方；

（3）包装应能显示出产品的特点或风格，许多著名品牌的包装都匠心独具，已成为企业的专利；

（4）包装设计要考虑到使用、保管、携带的方便；

（5）包装上的说明文字要针对顾客的心理，突出重点；

（6）包装要考虑顾客的风俗习惯和宗教信仰等。

3. 珠宝首饰的包装

珠宝首饰作为一种高档消费品，经常被馈赠或收藏，因此包装的作用更为重要。

对珠宝首饰包装的基本要求是要能烘托出商品的高贵、典雅和艺术性，另外还有更细致化的要求：

（1）包装要有特色

比如同样是钻戒的盒子，有的公司别具匠心，将首饰盒设计成代表该公司的吉祥物，既美丽多样，又突出了公司的形象，而将这些首饰盒与首饰一同销售更烘托出产品特色。

（2）包装选料要考究，做工要精细

作为首饰包装盒要质软、耐用、牢固，纸、布、塑料是许多厂家选用的包装材料。不同档次的宝石可选用不同材料做包装盒，盒子的式样与首饰袋的式样要搭配，做工要精细。

(3) 包装的款式要有变化

人们的消费观念不断变化，包装也不能一成不变，要符合消费者需求的变化。

(4) 包装最好能一物多用

一件设计精美的包装品，除用作产品包装外，还可用以装饰橱窗或展示陈列，甚至还有其他用途。

四、产品策略

1. 产品差异化策略

产品差异化策略是指如何让企业的产品在同类产品中脱颖而出，具有明显的个性，较同类商品更具吸引力。具体包括以下策略：

(1) 品牌差异化；

(2) 服务差异化；

(3) 质量差异化；

(4) 分销渠道差异化；

(5) 知识产权差异化。

2. 波士顿矩阵策略

通过波士顿矩阵法评价企业现有产品的状况采用相应的办法。

波士顿矩阵是按企业产品的市场占有率和销售增长率两个指标把平面划成四个象限（图 6-13）。

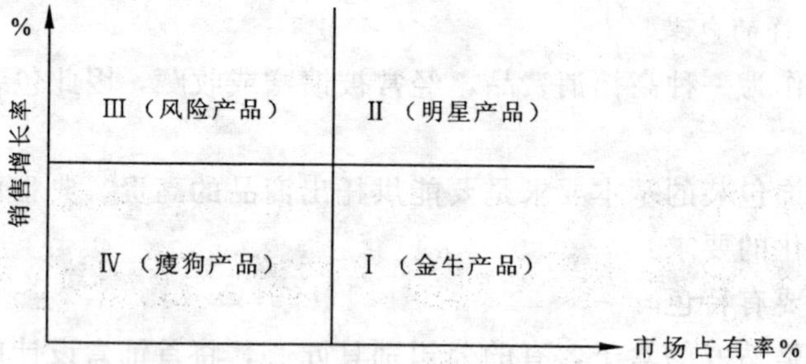

图 6-13　波士顿矩阵

Ⅰ. 金牛产品

企业产品处于第Ⅰ象限，市场占有率高，销售增长率低，说明企业的市场竞争力强，行业处于成熟期，销售增长缓慢。金牛产品是企业的赚钱产品，也是当家产品。对这类产品，企业的策略是维持。

Ⅱ. 明星产品

企业产品处于第Ⅱ象限，市场占有率高，销售增长率也高，说明企业产品有很强的竞争力，同时行业也处于发展状态。此类产品希望很大，是企业未来的金牛产品，企业的策略是发展，对明星产品应大力支持，促进其增长。

Ⅲ. 风险产品

企业产品处于第Ⅲ象限，市场占有率低，销售增长率高，说明企业产品竞争力不强，行业处于正在发展中，企业的策略是谨慎行事，深入分析竞争者实力，预测市场发展。

Ⅳ. 瘦狗产品

企业产品处于第Ⅳ象限，市场占有率低，销售增长率低，说明企业产品缺乏市场竞争力，又没有发展前途，企业应采取撤退策略。

第五节　珠宝价格策略

产品的价格是价值的表现形式，并在价值的基础上受供求关系的影响。

一、珠宝产品的价格构成

首先是价值的构成，前文已叙述价值构成的原理，下面谈的是价值的具体构成，如表 6－3 所示。

表 6－3　珠宝产品价值构成

<table>
<tr><td rowspan="4">珠宝产品价值</td><td rowspan="2">已消耗的生产资料的价值转移 C</td><td>已消耗的劳动对象的价值转移</td><td>辅助材料、动力消耗、宝玉石原料、贵金属材料</td><td rowspan="3">产品的成本

$C+V$</td><td rowspan="4">产品的价值

$C+V+M$</td></tr>
<tr><td>已消耗的劳动手段的价值转移</td><td>固定资产的折旧费用</td></tr>
<tr><td rowspan="2">劳动者所创造的价值 $V+M$</td><td>劳动者为自己劳动创造的价值 V</td><td>工资、福利</td></tr>
<tr><td>劳动者为社会创造的价值 M</td><td>盈利、流通费用、税金等</td><td>M</td></tr>
</table>

引自王昶、申柯娅编著《珠宝营销策略》

已消耗的原料、动力等可变动力资本价值加上固定资本价值为实物价值转移（C）。劳动力价值（V）加上为社会创造的价值即剩余价值 M，为劳动者所创造的价值（$V+M$）。除上述价值是价格构成的基础外，供求关系、市场状况、质量因素、消费者心理（偏好）等均影响珠宝产品的价格。部分钻石和宝石的价格见表 6－4 和表 6－4。

表 6－4　国际钻石价格表

国际（纽约）圆形钻石报价　　　　2004 年 12 月

注：表中为国际上钻石交易的参考价格。请注意表中报价的单位为：价格×100 美元/ct。

0.46～0.49 ct/粒（单位：百美元）											
	IF	VVS1	VVS2	VS	VS1	SI1	SI2	SI3	I1	I2	I3
D	54	49	46	41	34	27	24	22	18	13	10
E	49	46	42	39	32	26	23	21	17	12	9
F	46	41	38	35	30	25	22	20	16	12	9
G	41	39	35	32	28	24	21	19	15	11	8
H	34	32	30	27	25	22	19	18	14	11	8
I	30	28	26	25	23	20	18	17	13	10	8
J	22	21	21	20	20	18	16	15	12	10	7
K	21	19	18	17	16	15	14	13	11	9	7
L	19	18	17	16	15	14	13	12	10	8	6
M	17	16	15	14	14	13	12	11	9	7	5
0.50～0.69 ct/粒（单位：百美元）											
	IF	VVS1	VVS2	VS	VS1	SI1	SI2	SI3	I1	I2	I3
D	76	61	57	50	46	40	33	29	22	16	11
E	62	55	51	48	45	38	31	27	21	15	10
F	55	50	48	45	41	35	29	25	20	14	10
G	50	46	44	41	36	31	26	23	18	13	9
H	44	40	37	35	31	28	23	21	17	12	9
I	35	32	30	28	26	24	22	20	16	12	9
J	28	26	25	24	23	22	21	18	15	12	8
K	23	22	22	17	16	15	14	13	14	11	8
L	19	18	17	21	20	19	18	17	11	10	7
M	19	18	18	17	17	16	15	13	10	9	6

续表 6-4

1.00～1.49 ct/粒（单位：百美元）											
	IF	VVS1	VVS2	VS	VS1	SI1	SI2	SI3	I1	I2	I3
D	167	111	99	83	75	67	60	48	41	28	16
E	110	99	83	77	72	65	58	47	39	27	15
F	98	83	77	74	69	63	55	45	37	26	14
G	60	55	53	50	47	43	39	34	27	17	10
H	72	69	66	63	60	55	49	41	34	24	13
I	61	59	56	54	51	48	43	39	32	22	12
J	50	49	48	47	46	43	40	35	29	20	12
K	46	45	44	43	42	40	36	32	27	18	11
L	41	40	39	38	37	36	32	29	24	16	10
M	34	33	32	31	30	29	20	23	20	15	10

表 6-5　宝石价格实例

序号	宝石名称	价格（元）	重量（ct）
1	红宝石（板柱状）	300/个 500/个 800/个 1 000～5 000/个	2～4 5～9 10～15 20 以上
2	蓝宝石（蓝黑色，柱状）	50/个 200/个 400/个 600/个	1～2 3～5 6～9 10 以上
3	石榴石（菱形十二面体）	150/个 200/个 300/个	10～15 15～20 20 以上
4	黄玉（黄色、柱状）	100/个 300/个 500～1 000/个	3～5 6～9 10～30
5	电气石（柱状，黑色、绿色、蓝色等）	200/个 300/个 400/个 1 000～1 200/个	2～5 5～10 10～15 15 以上

续表 6－5

序号	宝石名称	价格（元）	重量（ct）
6	水晶（柱状）	100/个 200/个 300/个	2～9 10～19 20～30
7	赛黄晶（无色、柱状）	500/个	50 以上
8	尖晶石（各种颜色、刻面）	30/个 200/个 300～500/个	1 以下 1～2 2.1～3
9	紫晶（弧面）	100～300/个	1～2
10	橄榄石（刻面）	100～500/个	1～5
11	火欧泊（弧面）	200～1 000/个	0.8～5
12	锆石（无色、刻面）	100～300/个	1～3

二、定价目标

企业对产品的定价与企业目标有关。

（1）生存定价

生存定价是以企业生存为目标的。企业面临倒闭，为回笼资金，此时价格低于成本或变动成本。

（2）获利定价

获利定价是以利润为目标的。根据利润率不同，价格也不同，通常生产企业利润率为 20%～50%，而销售企业利润率为 50%～100%，甚至更高。

（3）占领市场定价

占领市场定价是以扩大市场占有率为目标的。此时定价往往较低。

（4）档次定价

档次定价是以维持或提高产品档次为目标的。一般高价代表高质，通常价格定得较高。国内珠宝企业商场或专卖店一般使用 3.5～4 的系数（售价＝成本×系数），而港台外企通常为 5～6。

（5）竞争定价

竞争定价是以阻止竞争者进入为目标的，此时定价水平较低，使竞争者无利可图，知难而退。

三、定价方法

（1）成本导向定价法

在成本基础上，加上预期利润，通常有两种方法：

①成本加成定价法：价格＝单位产品成本×（1＋成数）

例如：成本加成定价法中，一枚钻戒成本为 1 000 元，成数设计为 2，则此枚钻戒价格为 1 000×（1＋2）＝ 3 000 元。

该方法操作相对简便易行，现在最流行。但要合理地计算成本是其关键。

②目标利润定价法：珠宝首饰价格＝（预定总成本＋目标利润）/预定产销量

（2）需求导向定价法

以市场需求为基础确定价格，主要有两种方法：

①评估效用定价法

根据产品给消费者带来效用的大小定价。若消费者认为产品效用大，价格定价则高，反之亦然。该方法步骤如下：

第一，根据市场调查，统计出消费者对产品的期望价格；

第二，在期望价格基础上，估算产品暂定价格；

第三，预测产品销量，根据目标利润估算成本；

第四，定价。

该方法较科学，但操作时难度也大。

②差别定价法（价格歧视）

是指企业对同一珠宝产品针对不同的购买对象、购买地、购买时间以及购买量采用不同价格。如购买一枚钻戒 3 000 元，两枚 5 000 元等。

第一，不同的购买对象包括：中外顾客、新老顾客、批发或零售、购买量等不同，进行差别对待；

第二，不同的购买地：偏远/发达、国内/国外等等；

第三，不同的购买时间：淡季/旺季、平时/节日等等。

该方法可获得最大利润，但要有效分割这些购买对象，如淡季和旺季，人们若知道会有这样的价格差别，可能会旺季不买而去等到淡季再说，使差别定价失败。

（3）竞争导向定价法

竞争导向定价法是指针对竞争对手制定价格，常采用的有两种方法：

①比较定价法

针对竞争方产品价格来确定自己产品价格。常见有三种模式：

A. 低于竞争对手定价（价格战）；

B. 随行就市定价；

C. 高于竞争对手定价，采用高质高价法。

②招、投标定价法

此方法适用于大宗购买，企业公开招标或拍卖。

四、定价策略

市场营销中的定价是一门科学，也是一门艺术，要讲究方法策略。

1. 新产品定价策略

(1) 撇脂定价策略

企业以大大高于成本价格推出产品，在最短时间内追求最大利润。

其优点是可短期内回收资金，降低风险，树立了产品形象，提高了档次，为以后的主动降价留下回旋的空间。

其缺点是商品价格过高，易引起反感，过大的降价空间也易使消费者对产品价值产生怀疑，这样将不利于产品的推广。

通常，产品技术复杂，不易被仿制，适用于此法。

(2) 渗透定价法

与撇脂定价策略相反，企业以略高于成本的价格推出产品，目标是强占市场。

其优点是可尽快打开市场，易被消费者接受，阻止竞争者进入，扩大市场占有率。

其缺点是利润率低，投资回收时间长，以后降价空间小，提价又易招致反感。

一般是产品技术不太复杂，易引起仿制，或市场上已有类似替代品时，采用此法。

2. 心理定价策略

消费者心理是影响价格的重要因素，企业为满足消费者心理需要而采用的心理定价策略有以下几种：

(1) 声望定价策略

定以高价，“好货不便宜”等消费心理所致。例如：古董玉器的消费者，通常对真品有这种心理。

(2) 非整数定价策略

宁可 9.8 元，也不可 10 元，满足人们求廉的需要。同样，宁可定 11.23 元，也不定 11 元，让人感觉定价认真，而非信口开河。

（3）整数定价法

对高档首饰、礼品，常常采用此法，以免找零，例如钻石饰品的定价。

（4）招徕定价法

企业以推出廉价品招徕顾客。常在周末、假日等时间采用此法，例如，一些商场周日商品打很低的折扣，或者买一百送一百购物券等方式（这些属于应被禁止的做法）。

（5）配套定价法

以不同价格销售产品的整件和配件，例如：整件亏损，零部件弥补。在珠宝销售中，部分宝石镶金饰品可以使用此法，比如，红宝石项链，金的价格低于市价，但通过宝石的价格弥补，因为宝石的定价标准人们通常不熟悉。

（6）一口价

面对市场日益流行的价格战，商家的利润率急剧下降，为了扭转局势和处于竞争有利位置，一些商家采用的针对打折相反的一口价策略，即按货品已标注好的价格售卖，不打折。

3. 折让定价法

（1）数量折扣：按购买的数量给以折让，例如，有的珠宝公司发行金卡积分，到达多少分后赠送什么，或再购物享受几折优惠。

（2）现金折扣：在标价上打折，或购买到一定金额时赠购物券或现金。

（3）功能折扣：给最终消费者、零售商、批发商、代理商不同的价格。

（4）季节折扣：产品的季节性，如玉器饰品，冬季为淡季，可采用打折的方法增加销售。

（5）推广折让：企业在促销时让利于中间商或消费者。

（6）运输折让：对远的客户提供价格折让，补贴其运输费用。

在各种折让中，珠宝价格打折非常普遍，这是一种较原始的方法，运用不当会搬起石头砸自己的脚。在运用时注意谨防价格陷阱：

①低质陷阱：降价使消费者产生低质量感觉，影响形象，达不到降价的预期效果。

②亏损陷阱：降价使企业短期效益减少，如果降价策略短期内战胜不了对手，反而会使自身陷入财务困境，若有新竞争者加入，企业可能遭受灭顶之灾。

③市场陷阱：企业降价销售并取得一定的市场占有率，但这部分市场并不忠实于企业，一旦有更低价格或更高质量的商品出现时，消费者喜新厌旧。

市场经济成熟的国家，价格竞争正逐渐被非价格竞争取代。当然非价格竞争较价格竞争难度大的多。

众多珠宝企业，纷纷打折，进行价格战，企业对此做法应慎重。

实际上，价格折让而引发的价格战，好处是确实使得消费者从中获益，与此相对应则是商家的利润率下降；坏处是使得市场出现了许多不稳定因素，且降价的同时，商家销售量增加了，但单位珠宝产品价格下降了，销售收益却不一定增加。

见下面论证：

$$\text{销售收入(TR)} = \text{产品单价}(P) \times \text{销售量}(Q)$$

按照需求法则（Law of demand），并利用微分学：当商品降价 dP，销售量会增加 dQ，则销售收入增加量 $d(TR)$ 为

$$\begin{aligned} d(TR) &= (P - dP)\times(Q + dQ) - P\times Q \\ &= P\times Q + P\times dQ - Q\times dP - dP\times dQ - P\times Q \\ &= P\times dQ - Q\times dP - dP\times dQ \\ &= P\times dQ\left(1 - \frac{Q\times dP}{P\times dQ} - \frac{dP}{P}\right) \end{aligned}$$

根据微观经济学定义：

$$\text{需求的价格弹性 Ed} = \lim_{\Delta P\to 0} - \frac{\Delta Q}{\Delta P}\times\frac{P}{Q} = -\frac{dQ}{dP}\times\frac{P}{Q}$$

因此上面计算：

$$d(TR) = P\times dQ\left(1 - \frac{1}{|Ed|} - \frac{dP}{P}\right)$$

所以，当需求的价格弹性 $|Ed|<1$ 时，销售收入增加值 $d(TR)<0$，即不仅不会增加销售收入，反而会减少；只有当需求的价格弹性 $|Ed|>1$ 时，薄利多销才是可取的。

需求的价格弹性 $|Ed|$ 的变化范围，见图 6-14。

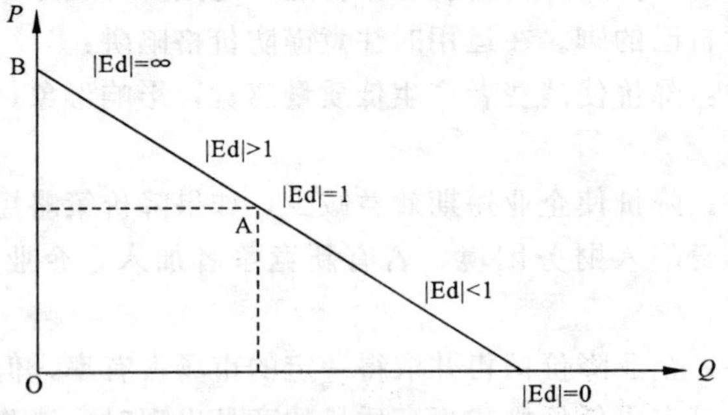

(B点：斜线与纵轴交点；A点为任意点)

图 6-14　需求曲线上的价格弹性特点

从图 6-14 中可见，当｜Ed｜=0 时，生活中无此类商品；

｜Ed｜<1 时，缺乏弹性，降价会减少销售收入；

｜Ed｜=1 时，单元弹性，无论怎样降价，对销售收入无影响；

｜Ed｜>1 时，富有弹性，降价才会增加销售收入；

｜Ed｜=∞时，无穷弹性，在一定价格下，有多少卖多少。

因此，珠宝产品在定价决策中，特别是降价时，要慎重对待，对所在的市场要很细致地考察，并推断出本企业的需求曲线，计算出可能的需求价格弹性，再作出适宜的判断。在市场调查中，要注意影响珠宝首饰需求价格弹性的主要因素包括：

①购买珠宝首饰的支出占人们收入的比重：购买珠宝首饰的支出占人们收入比重越大，｜Ed｜越大，相反则越小。在国内，由于人们还并非很富裕，因此珠宝首饰所花费的支出通常占人们可支配收入中很小的一部分，除部分发达地区外，平均水平估计不会超过 10%。因而｜Ed｜值偏小，降价时务必计算和论证后再决策。

②珠宝首饰替代品的多少及替代程度：替代品越多，其｜Ed｜值可能会越大，相反则越小。而珠宝首饰的替代品主要是一些仿真首饰及其他装饰品，总体看，珠宝首饰的替代品不是很多。

③商品的种类：必需品的｜Ed｜较小，而奢侈品较大。珠宝首饰属于奢侈品，因此较必需品大，但具体是多少，还是应实际考察才合理。

④商品的用途：商品的用途多，｜Ed｜值较大，反之较小。珠宝首饰的用途主要为装饰作用，其用途实际上较少。

⑤其他方面：还有产品的耐用性、产品的时间方面因素等都影响｜Ed｜值。

可见，有许多因素影响珠宝首饰的需求价格弹性。因此在使用折让定价法时，各个不同的商家，除了上面论述的弹性变化外，其各种成本（包括隐性的和显性的成本）也不同，并非你能降价我就能降价，这种赌气竞争的手段是不适宜理性经营者的。如果能从维护共同的市场而不是去破坏一个市场这个角度出发，就不会出现一些不适合市场良性发展的做法了。

对于成本，销售量增加的同时，固定成本（如营业员工资、广告费等）增加一般不大，而包含在珠宝首饰商品中的可变成本却随销售量线性增加。在销售量大的情况下，固定成本所占总成本的比例很小，此时，在决策中只要注意首饰材料成本、制作成本、运输成本以及商场扣点即可，在折让之前将所有成本包括在内，再根据弹性指数作出定价。

总之，在珠宝首饰的定价方法和策略中，各种方法和策略决不是优越得以至于任何其他方法都无法比拟，而是每一种方法都有其优点和局限性，重要的是进行定价决策的人一定不能主观用事，必须花一点精力去了解和分析市场中的相关指数，以便在定价决策中不至于失之毫厘，谬之千里。

第六节　珠宝促销策略

促进销售(简称促销)是指把珠宝等产品及服务向消费者进行宣传报道、推荐说服,影响和促进消费者的购买行为和消费方式,以扩大销售的目的。

促销分为人员推销和非人员推销（广告、营业推广、公关等）。

促销的任务主要是传递产品信息，提供产品的商业情报，诱导消费或增加消费，达到稳定或扩大销售的目的。

一、珠宝产品的人员推销

人员推销虽然是传统的方式，但却是现代市场营销所不能代替的。

1. 人员推销的特点

(1) 灵活性；

(2) 情感性；

(3) 服务性；

(4) 费用高。

2. 珠宝推销员的主要职能

(1) 尽可能促成交易，说服消费者购买本公司产品；

(2) 传递企业商品情报和商品信息；

(3) 向消费者提供相关的免费服务，如珠宝知识的介绍和宣传；

(4) 收集并反馈市场信息，联接企业与消费者。

由于珠宝首饰是贵重商品，推销员的责任心至关重要。

3. 珠宝推销员的选择与培训

(1) 推销员的选择

选择推销员必须在业务、责任心、语言、风度仪表、反应、礼仪等多方面考核。应掌握如下几个原则：

①珠宝推销员业务上需具备较全面的珠宝方面知识；

②有较强的责任心和事业心；

③善于表达自己和企业的思想，说话有艺术性、逻辑性；

④具有灵敏的应变能力，能准确判断对方的意图。

（2）推销员的培训

培训推销员的目的：是使之通晓销售方面的专业知识和销售技巧。

培训内容：

①珠宝知识及文化；

②本企业产品特征、产量及本企业组织机构、规章制度和企业的宗旨；

③了解消费者的类型、特征，消费者的需求动机和购买习惯；

④了解本企业竞争对手及特点，以及可以采取的对策、方针，做到“知己知彼”；

⑤掌握各种推销手段、技巧，并在工作中灵活运用，及时反馈市场信息和向企业汇报等。

4. 企业对推销员的管理

为建立一支精干、优质的销售队伍，珠宝企业应加强对推销员的管理，应做到以下几点：

①树立良好企业形象，要推销珠宝首先要推销自我；

②鼓励推销员进行市场调查，了解同行对手，比较分析，取长补短；

③关心推销员，给他们创造一个好的工作环境，提高他们工作积极性；

④用适当方法激励推销员，如定期检查公布，好的加以奖励、晋升，避免他们“跳槽”。

二、珠宝产品的广告策略

广告一词，在拉丁文中是“吸引人心”的意思。珠宝产品作为一种高档耐用的消费品，也需要广告的支持。广告有两种基本类型：产品广告和企业广告。

1. 广告的作用（图 6－15）

（1）介绍产品，引发兴趣；

（2）激发欲望，扩大销售；

（3）树立形象，开发竞争；

（4）介绍知识，引导消费。

2. 广告的 AIDAS 策略

（1）唤起注意（ATTENTION）

唤起注意是判断广告成功与否的基本条件。不能够唤起人们的注意力，广告就失败了，因此广告必须从产品的标新立异、优美舒适、激情冲动等多方面入手，突出新、奇、异、情。

应注意以下几个方面：

图 6-15　广告宣传的作用

（引自《瑞丽伊人风尚》2004）

①时间——选择合适的时间播放，如收视率较高或显要的时间段。

②位置——在一些众人注目的地方，如封面、巨幅广告等。

③创意——巧妙，如新奇的图案，刺激的场景等。

④标题——画龙点睛，如钻石恒久远，一颗永流传（A diamond is forever）。

（2）引起兴趣（INTEREST）

它是唤起注意的继续。只注意而无兴趣会淡忘，必须加深其印象，找出合适消费者需求的加以广告，引起共鸣。

（3）启发欲望（DESIRE）

是制作广告的核心。一个成功的广告在于说服消费者，使他感到这件珠宝首饰正适合他的需要。

（4）导致行动（ACTION）

是广告的最终目的。

（5）买后满足（SATISFACTION）

是广告良好效果的标志。

由于广告使消费者对产品的认知是逐渐的，因此要不断的做，可以采取轰炸式、均衡式或季节式广告。

轰炸式：短期内扑天盖地，不停地放。

均衡式：较长时间不懈地放。

季节式：选择一定时间段放。

3. 珠宝广告媒体的形式

广告媒体种类繁多，珠宝产品广告通常选择以下几类：

(1) 报刊类广告

包括报纸、一般刊物、专业刊物，如：《中国宝玉石》、《珠宝科技》、《宝石和宝石学杂志》。

(2) 印刷品广告

印刷的产品说明书、公司介绍、价格表等。

(3) 张贴广告

广告画、霓虹灯广告、橱窗或墙壁广告等。

(4) 电视广告

以电视做媒体，但成本较高。例如：De Beers 的“月亮篇”、“都是钻石惹的祸”等。

(5) 广播广告

通过电台、声音激发人们的想象力。

珠宝企业在广告策划时，首先要确定费用预算，并估计可能达到的效果，选择合适的媒体来进行。

三、公共关系策略

公共关系是指一个组织运用各种传播手段，通过双向信息交流，在组织机构与社会公众之间建立相互了解和信赖的关系，以取得公众的理解和支持，促进组织结构实现整体目标的一种有意识、有计划的活动。作为一种促销手段，不仅是在推销产品，更是在推销企业。

1. 公共关系的特征

(1) 公共关系的目标是树立企业良好形象；

(2) 公共关系的基本方针是未雨绸缪；

(3) 公共关系的基本原则是互利互惠、真诚合作，而这种合作必须建立在与社会共同利益保持一致的基础上。

(4) 公共关系的基本方法是双向沟通。

2. 公共关系的类型

(1) 宣传型公共关系：通过媒体、广告、新闻等传递企业信息，扩大知名度；

(2) 服务型公共关系：例如免费为产品安检、修理；

(3) 公益型公共关系：例如参加大型义演、赈灾等；

（4）征询型公共关系：例如建立意见箱、开通服务热线等；

（5）交际型公共关系：例如企业举办一些宴会、晚会、座谈会等。

3. 公共关系的主要方法

（1）创造和利用新闻：例如将企业的某些成就做成新闻材料向外宣传；

（2）开展有影响的活动：开展一些有意义的社会活动，如展览会、创作比赛等，吸引公众的注意；

（3）撰写材料：通过发表论文、人物专访等扩大企业影响；

（4）积极参加各种社会活动；

（5）其他方法：包括设计企业标志、专用信封、统一工作服，以及合理利用各种人际关系、政治力量和名人效应等。

思　考　题

1. 影响珠宝价值的主要因素有哪些？

2. 目前国内珠宝市场有何特点？

3. 什么是社会营销观念？什么是6P'组合？

4. 目前国内外著名的珠宝展销会有哪些？

5. 进行珠宝市场细分化的基本原则是什么？

6. 珠宝产品的特性有哪些？

7. 产品差异化策略包括哪些方面？

8. 什么是价格歧视？

9. 选择推销员应遵循的原则有哪些？

第七章　珠宝生产与物资管理

珠宝首饰生产过程是指准备生产某珠宝产品开始，直到把它生产出来为止的全部过程。目前常见的珠宝首饰生产包括宝石的切磨生产和镶嵌生产，在这些生产过程中涉及的生产流程、物资管理和成本控制是珠宝企业经营管理活动的基本内容，是生产要素进行合理配置的过程（本章会对上述问题进行论述，特别会在库存控制、珠宝首饰陈列、设备选购经济评价和优化更新等方面阐述相关成本控制问题）。

案例：深圳罗湖某工业区一家私营首饰镶嵌厂，工厂环境幽雅，工人也穿戴整齐，工人加工水平也颇佳，但是却只有一个首饰设计人员，虽然该设计人员很敬业，每天不停的画，然而面对来厂里加工的珠宝销售公司来说，他们需要大量新款，就算一家公司一次需要一百件，该设计人员也要花上几天时间。首饰设计并不是随心所欲的画几笔就是"新款"，因为画出的东西容易，但能否可以加工镶嵌又是另外一件事。正因为珠宝生产中缺乏某些重要环节的支持，该厂开业两年就被残酷的竞争所淘汰。

可见生产过程和合适的人力资源都至关重要。

第一节　珠宝加工、镶嵌生产过程管理

与珠宝相关的生产型企业主要有（采、选）矿厂、加工厂、镶嵌厂等。

一、合理组织生产过程的要求

不管企业何种性质，其组织生产过程的目的是一致的，即：时间短、效率高、占用和消耗资源少。为此，必须按以下要求合理组织生产。

1. 连续性

指产品在生产过程各阶段、各工序之间的流动，时间上紧密衔接、操作上连续不断。

保持和提高生产过程连续性，可以缩短生产周期，减少产品占用，加速资金流转。

2. 单向性

在生产中产品朝一个方向流动，不出现回返。珠宝的加工、镶嵌均具有此特征，单向性可以缩短工序，减少物资管理工作量，也有利于提高产品质量。

3. 比例性

指生产过程各阶段、各工序之间，在生产能力上要保持合理比例关系，减少不必要的资源浪费或短缺。

4. 适应性

指生产过程适应市场变化，及时调节产量、品种，避免产品积压或不足。

二、加工、镶嵌企业生产单位的空间、时间组织

1. 空间组织

主要遵循工艺专业化，又称工艺原则，即按生产工艺特点，把同类设备和同种工人组织为一个生产单位。企业内不同生产单位工艺不同，同一生产单位生产工艺相同。

例如：如加工厂：选料（设计）→切割（预成型）→粗磨→细磨→抛光

↓　　↓　　↓　　↓

一个生产单位　一个生产单位　一个生产单位　一个生产单位

优点：充分利用生产设备，便于技术管理和业务培训，生产过程适应性强。

缺点：一件产品经过若干道生产单位才能完成，生产单位间联系频繁，管理难度增加。

2. 时间组织

珠宝加工、镶嵌企业绝大多数按平行移动方式或顺序移动方式进行生产。

(1) 顺序移动方式

指每批制品在上一道加工工序完毕后，整批到下道工序加工。如水晶项链的加工、首饰戒指的制作或镶嵌等。

生产周期的计算公式如下：

$$T_{顺序} = n\sum_{i=1}^{m} t_i$$

式中：$T_{顺序}$——顺序移动的生产周期；

n——表示批量；

m——工序道数；

t_i——第 i 道工序单件加工工时。

例如：水晶项链加工厂一个批量的生产周期：$n=1$

$$T_{水晶项链}=1\times(t_{切割}+t_{窝珠}+t_{切磨}+t_{抛光}+t_{打孔}+t_{穿珠})$$

（2）平行移动方式

指每件制品在一道工序加工完后立即转移到下道工序继续加工。这种方式中制品在生产和转移过程中没有停留时间，生产周期缩短，但制品在工序间单件转移可能带来经济上的不合理性。

平行移动方式，某批产品生产周期计算公式：

$$T_{平行}=n\sum_{i=1}^{m}t_i+(n-1)t_{长}$$

（$t_{长}$指在1～m道工序中用时最长的工序）

例如：玉雕厂便采用平行移动方式生产。

（3）平行顺序移动方式

指制品在生产中各工序间移动既要保证整批制品在每道工序中连续加工，又要使生产周期最短，它吸收了顺序移动和平行移动的优点，在移动中既有单件也可有整批移动。

生产周期公式：

$$T_{平顺}=n\sum_{i=1}^{m}t_i-(n-1)t_{短}$$

例如：部分首饰加工镶嵌可按此方式进行生产，如一批戒指、一批耳钉、一批手链同时进行生产。

注意：企业确定生产方式时要考虑以下因素。

第一，生产类型。产品品种繁多，批量少，各工序协调困难，一般采用顺序移动方式，反之采用另外两种方式。

第二，产品的重量、体积及工序加工量。体积重、大或加工时间长，可采用平行移动或平行顺序移动，否则采用顺序移动。例如：戒面生产需采用顺序移动，而大型玉雕应采用平行移动为宜。

第三，调整设备的难易程度。若停机成本高，调整困难，可采用平行顺序或顺序移动方式（如多数批量镶嵌制品），否则可采用平行移动方式。例如：在戒托生产时进行失蜡或铸模，需批量进行，采用顺序移动为宜，否则一件件生产，成本不知提高多少。

第四，交货期缓急情况。若交货期短，可采用平行移动，否则可采用另两种方式。

三、加工、镶嵌企业劳动力组织

合理组织劳动力，对有效利用人力资源，提高企业员工劳动生产率意义重大。

1. 合理制定劳动定额

(1) 劳动定额

指在一定生产技术组织条件下，生产一定数量的合格产品，或完成一定质量的工作量所消耗劳动量的标准。有两种基本表现形式：工时定额和产量定额。

这里只简单介绍工时定额：

①定额时间：指工人在工作班内完成生产任务所需消耗的时间。包括：作业时间、布置工作时间、准备和结束时间、生理需要时间。

②非定额时间：指工人在工作班内发生的无效劳动或损失时间。包括：非生产工作时间（制度不严）、停工时间（停电、水等）。如图 7－1 所示。

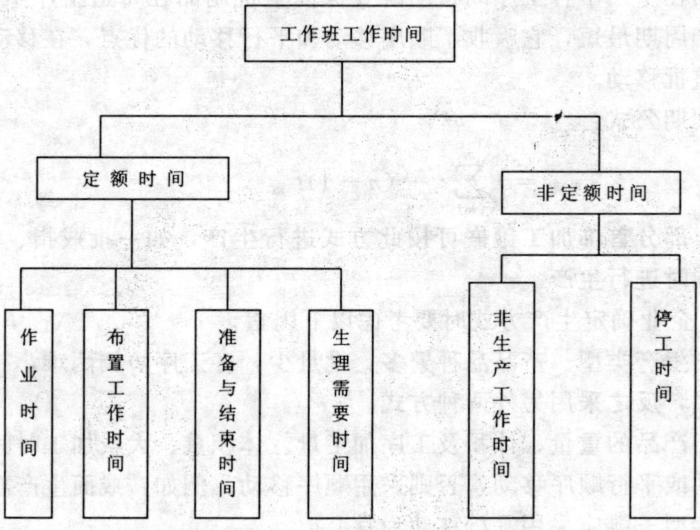

图 7－1 工人在工作中的时间分布

(2) 合理制定劳动定额的意义

劳动定额是现代企业管理的重要基础工作之一，科学定额能正确指导企业生产，提高企业经济效益。

①它是企业管理的基础，是合理组织劳动的重要依据；

②它是企业提高劳动生产率的有力手段；

③它是企业经济责任制的基础，是贯彻按劳分配的依据。

(3) 制定劳动定额的方法

①经验估计法：有经验的定额人员、技术人员通过对劳动过程、指标的分析，结合自己实践经验，用估计的方法定额。

优点：工作量小，简单易行。

缺点：主观性大，缺乏科学依据。

②统计分析法：根据过去类似产品工序工时消耗的统计资料，经整理分析确定未来生产技术条件下的定额。

③技术测定法：根据企业自身条件，在充分挖掘生产潜力基础上，采用实地考察测定和分析来进行劳动定额。

优点：科学、准确。

缺点：工作量大。

2. 科学定员

定员是企业为了保证生产活动正常进行，在一定时期和一定技术条件下配备各类人员的标准数量。它是企业用人的依据。

(1) 定员的基本要求

依据要科学，水平要先进合理，各类人员比例要适当，定员标准要相对稳定并不断提高。

(2) 常用的定员方法

①按劳动效率定员：　$\text{定员人数}=\dfrac{\text{计划期内应完成的任务}}{\text{工人的劳动效率}\times\text{出勤率}}$

②按设备定员：　$\text{定员人数}=\dfrac{\text{计划开动设备台数}\times\text{每台开动班次}}{\text{看管定额}\times\text{出勤率}}$

例如：珠宝加工厂基本上采用每台设备一个人。

③按岗位定员：根据工作条件和工作量安排劳动人数。中国地质大学（武汉）珠宝学院便采用此法。

④按比例定员：加工、镶嵌企业都有采用的。

⑤按组织机构、职责范围和业务分工定员：多用于管理人员、工程技术人员。

第二节　珠宝物资及设备综合管理

珠宝物资通常较昂贵，各种生产设备也价值不菲，有效地进行物资和设备管理可以节约成本，提高效益。

一、珠宝物资管理

珠宝物资指在生产过程中所消耗的各种生产资料，包括宝玉石原料、贵金属、燃料、工具等。物资管理是对其生产过程中所需各种物资的订购、库存、消耗等系列活动进行计划、组织和控制等工作。

(一) 物资管理的意义和任务

1. 物资管理的意义

(1) 物资管理是合理组织生产的前提条件。因生产中各工序一环扣一环，物资的不平衡必然影响生产。

(2) 物资管理是提高经济效益的重要途径。在生产中若损耗过大，势必造成浪费。

(3) 物资管理是提高劳动生产率的物质基础。保持设备的先进及完好，才能正常生产运转。

2. 物资管理的任务

物资管理目的就是要保证物资供应全、周转快、消耗低、费用少，提高经济效益。具体任务：

(1) 保质、保量、按时供应企业所需各种物资，保证生产顺利进行。

(2) 控制库存，减少积压，加速物资和流动资金周转。

(3) 监督和促进生产过程，合理使用物资，降低物资消耗。

(4) 节省物资采购、运输、仓储等物资管理费用支出。

(二) 物资消耗管理

其主要内容是制定物资消耗定额。

1. 物资消耗定额定义

指在一定生产技术条件下，制造单位产品或完成单位工作量所消耗的物资数量标准。不同企业，消耗定额不同。

2. 物资消耗定额制定的方法

(1) 经验估计法：同劳动定额。

(2) 统计分析法：根据历史上物资消耗的统计资料，考虑现有技术条件制定。

(3) 实验测定法：进行现场实验。

(4) 技术计算法：依据产品的设计图，计算物资消耗。

3. 减少不必要损耗实例

(1) 宝石加工厂

①水晶加工厂——实行顺序移动方式生产，设计人员估算该原料出品率，交给切割人员，切割出的数量为 N 个，交给粗磨预成型的人，经过粗磨预成型后若为（$N-1$）个，则是该道工序损耗了一个，通常一两个水晶珠不必赔款，但多了该道工序要赔款，这样一道工序一道工序下传。

②钻石切磨厂——与水晶加工厂类似，设计人员设计好一颗钻石的切磨方位后，根据经验可以知道出品率（通常10%～50%，一般只有20%），可根据初始原石重量估算最后成品的重量，防止每道工序的重量损耗。

（2）宝石镶嵌厂

通常根据首饰大小，指圈在铸膜后便可以知道用金量，但此时称重后，再去抛光、镶石，抛光的损耗一般是小于1%～3%，抛下的金粉还要再次回收（每人面前有一抽屉，粉末每次扫进抽屉中）。

（三）物资供应管理

1. 物资供应量的确定

（1）物资需求量的确定

①直接计算法（定额法）：

某物资需用量=(计划产量+废品数量)×物资消耗定额-计划回收废品数量

②间接计算法：

又称比例法，对不便制定消耗定额的物资（如玉雕）可按一定比例估算。

（2）物资采购量的确定

某物资采购量=物资的需用量+期末库存量-期初库存量-企业内部可利用资源

注意：

期末库存量：即经常储备量的平均值+保险储备量

期初库存量 =库存实际盘点数+计划期前的到货量-计划期前的耗用量

2. 物资订购方法

企业需以最低成本、最适宜时间获得符合生产要求的物资，这也是做好企业成本控制的需要。

（1）调查分析市场动态，预测未来的物资供应情况，决定最佳采购方式。

例如：某企业订购黄金原料，要调查分析黄金市场价格波动情况，如果预期黄金一定时期内要涨价，在涨之前要大量采购，反之则大量抛售，这样可以获得巨大利润。

（2）正确合理地选择品种和代用品。采购人员要了解本企业产品性能，且对市场上物资了解较多。例如：一位钻石裸钻的采购者，应充分了解所在地（如深圳等地）批发、销售裸钻的厂家数量、联系方式、价位特征，等等。

（3）正确选择供货单位。在长期合作基础上，对质量、价格、信誉有保证的单位建立良好合作关系。例如：尽量找一级批发商等。

（4）建立信息反馈系统，严格经济责任制。对采购人员要有监督，防止吃回扣等造成企业成本过高，对主管人员要有连带责任。

（四）库存控制

库存是指用于进行生产或满足顾客需求的物品或资源的储备。

库存控制又称库存管理，指对企业的原料、在制品、半成品、成品数量及质量进行管理的活动。其实质是投资。

1. 库存的功能

（1）预防不确定性。原料在市场上会经常波动。

（2）实现经济购买量。不必占用过多资金，实现最优。

（3）实现经济生产批量。

（4）获取库存利润。预期某材料如 Pt 、Au 会涨价，保持一定库存，可获得利润。

2. 库存控制方法

（1）经济批量法

库存必然发生成本，库存成本受定货批量影响。包括两部分：

①保管成本：又称保管费用，主要指保管人员工资、仓库设施、库存损失及其他库存费用。

②订购成本：订购过程中发生的成本，如采购定货来往车费、通讯费等，它随定货量反比变化。

保管成本曲线和定货成本曲线交点即为总库存费用最低点和经济定货批量 Q。如图 7-2 所示。

③计算公式：

$$EOQ=\sqrt{\frac{2CD}{PI}}$$

式中：EOQ——Economical Order Quantity（经济定货量）；

D——年需要量（生产任务量）DEMAND；

C——每次订购费用 COST；

P——某种物资单价 PRICE；

I——某种物资年保管费率 INDEX。

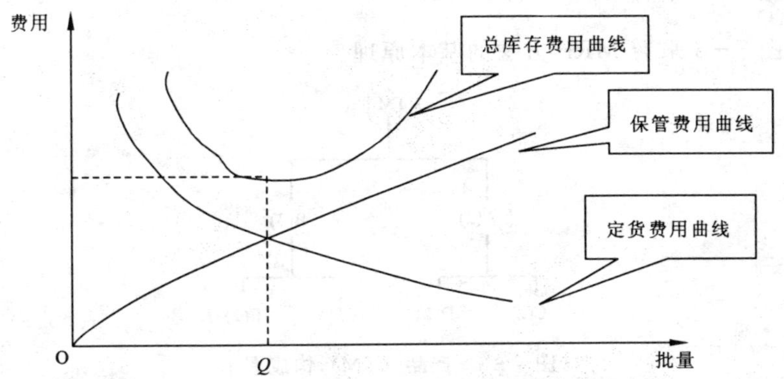

图 7-2 库存费用曲线图

(2) ABC 分析法

又称重点分析法。最早应用这种方法的是 1897 年意大利经济学家巴雷特在调查意大利社会财富时发现的。“少数富人占有社会财富的绝大部分”，即“关键的少数，次要的多数”。1951 年，管理学家戴克将这一原理用于库存管理并取得巨大经济效益。

该方法将库存物资分类，不同类型不同管理，称之为 ABC 法（表 7-1）。

表 7-1 ABC 分析法的管理方法

类别	占用资金比例	占品种比例	管理方法
A	70%±	10%±	严加控制，增加采购次数，减少资金占用
B	20%±	20%±	适当控制库存，据实际情况，减少购买次数
C	10%±	70%±	库存量适当放宽

A 类：品种少，占用资金多；

B 类：品种较少，占用资金较多；

C 类：品种多，占用资金少。

(3) MRP 方法

MRP（Material Requirements Planning ）物资需求量计划。最早于 20 世纪 60 年代出现于美国。这种方法改变以往以产品为中心的生产方式为以零部件为中心的生产方式。

基本思想：在恰当的时间将恰当数量的物资送到恰当的地点，尽可能降低库存成本。

以图 7－3 来看 MRP 方法的基本原理。

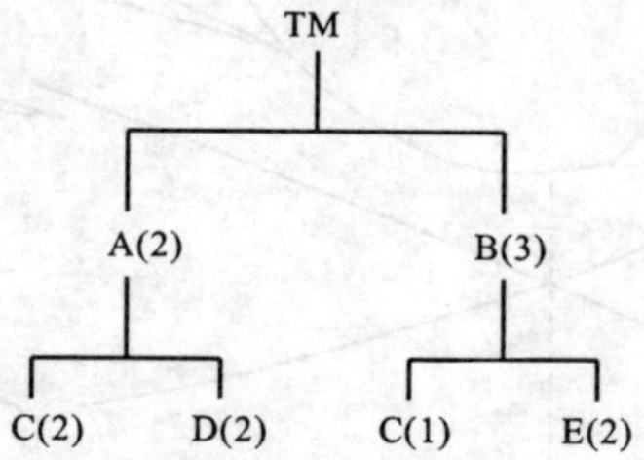

图 7－3　产品（TM）构成图示

某产品（TM）由 2 个 A、3 个 B 组成，每个 A 由 2 个 C 加 2 个 D 组成，每个 B 由 1 个 C 和 2 个 E 组成。则生产 100 个 TM 产品需要：

部件 A：2×100 ＝ 200 个

部件 B：3×100 ＝ 300 个

部件 C：2×100 ＋ 1× 300 ＝ 700 个

部件 D：2×200 ＝ 400 个

部件 E：2×300 ＝ 600 个

实际工作中，企业一般多种经营，产品也不只几个部件组成，但借助计算机，则容易得多。目前市场上已有非常成熟的 MRP 法管理软件出售，这里不再介绍。

3. 库存应用实例

以珠宝销售专柜为例：假设某品牌专柜长 6m，四节柜台构成，每节长 1.5m，宽 50～60cm。则一节柜台摆放钻石戒指通常为 120～160 枚（以 150 枚为例），则该专柜要 600 枚钻戒，每枚钻戒成本 4 000 元，则总成本 240 万元，因此成本过高。

采用 ABC 法，占主要资金的钻饰可以严格控制其数量，使之占整个柜台的 40％左右即可，而占用资金量少的红、蓝宝石、翡翠饰品占 60％左右为佳。从另外的角度说就是增加品种数量，便于顾客选购。

但光有柜台上陈列的货还不够，必须有一定的库存，否则卖掉了，柜台上出现空位商场是不允许的，也影响柜台美观。那么库存多大合适呢？

大的库存，可以不用经常来补仓，但资金积压太重；小的库存，不利于销售，一旦热卖，会出现断档，再去补货，通常生产周期为 7～14 天，断档十分不利，丧失获利机会，商场也不允许。这就存在一个库存最优量问题。商场要求库存量通常为柜台陈列量的1/3，但不能一概而论，按商场要求，柜台摆放量大的则库存货品资金占用太大。

实际上，根据统计经验表明，库存比例应为动态的，不是一个简单的比例问题，但确实存在比例。不同公司、商场对库存要求不同，销售业绩好的商场一般要求库存比例大些，但公司可以和商场商量，总库存一般为柜台陈列量的1/4～1/5即可。且对不同的宝石品种也可不同。销售业绩差的商场，品牌专柜的库存量可以少些，一般为1/5～1/10即可。另外，在不同季节，不同的饰品的库存比例也应不一样，如春季，项链的库存比例要大些，五一、国庆则钻戒的比例要大些。总之，作为管理人员要时刻关注市场的变化，又要总体上控制库存量，做到资金的最优合理流通。

（五）仓库管理

仓库是物资库存的具体场所，仓库管理是企业物资管理的重要环节。科学合理的仓库管理对于保证物资的供应，降低产品成本，提高产品质量和企业经济效益具有十分重要的意义。

1. 仓库管理的主要任务

（1）做好物资的验收入库工作，保证进厂的物资能及时、准确、按质入库。对高成本的物资（如钻石原料等）一定要更加严格把关。

（2）做好物资的保管工作，保证仓库物资质量完好，数量准确，资料齐全。做好珠宝物资的分类管理，提高管理效率。

（3）面向生产，面向基层，做好生产服务工作，特别在珠宝加工销售旺季，一定要保障供应的及时性。

（4）配合计划、采购部门的工作，做好库存物资分析，厉行节约，加速资金周转。

2. 仓库管理的具体工作

（1）珠宝物资验收入库；

（2）珠宝物资发放；

（3）珠宝物资的保管与保养；

（4）珠宝物资的清仓盘点。

（六）物资管理人员

由于珠宝物资的贵重性，它们管理的好坏，直接影响企业的成本问题，因此，对物资管理人员的选拔、任用及监管至关重要。

在选拔时，首先是考虑道德水平，其次才是业务水平。否则，监守自盗。企业不仅不易察觉，而且会损失惨重。

在政治思想、道德水平合格时，最好使用物资管理专业毕业的本、专科大学生，他们懂得物资管理的科学性，与此同时，配以珠宝专业的人员联合管理，则效果更佳。因为学物资管理的人许多不懂宝石学及质量评价，这两种专业的人可以对物资更好地把关和相互监督。

同时，企业对物资管理人员一定要监督，没有监督的权利会导致渎职和滥用职权，而引发一系列贪污、腐化等行为。

（七）珠宝首饰的陈列管理

珠宝物资管理中，一项重要的任务是珠宝首饰在柜台上的陈列问题，也是一门学问和艺术，包括首饰的数量、品种、款式及陈列布局方式等。因此首先谈谈珠宝专柜如何陈列才更加有效，即达到最少的投入，最好的销售效果，这也是珠宝公司进行成本控制所必须仔细考虑的。

1. 柜台中首饰的最佳摆放数量

虽然说柜台中的首饰摆放多少可以由人自由确定，但是摆放不好直接影响销售，另外，摆的太多，不仅浪费资金，同时给消费者挑选时显的眼花缭乱、举棋不定；摆的太少，虽会节省资金，但消费者选择余地小，遇到不可预期的购买高峰时，显然货品不足，错失商机，同时，摆的太少，商场也不会允许，因为大型商场通常要求柜台上的货不能太少，而且还要有 1/3～1/4 库存。因此，柜台中首饰的摆放数量存在一个最优问题。

除价格极其昂贵的首饰需单独陈列外，其他首饰都有一个最佳数量和比例问题，而且最佳数量和比例也不是一成不变的，随着季节、地点等因素而变化。

以戒指为例来加以阐述（附有示意图和实物照片）：

一节柜台摆几盘可以直接调整布货数量，但通常盘的大小相对稳定（多用小盘），因此柜台中的盘数可以相对固定，如 1.6m 一节的标准柜台，可以摆小盘 6 盘或 8 盘（即宽度方向上并排放两个），而很少用大盘，大盘只能摆 3～4 盘，如图 7－4 所示。

对于小盘，每盘中戒指摆放数量则从 12～28 枚常见（图 7－5），甚至更多。每盘 12 枚，则一节柜台 6 盘是 72 枚，而每盘 28 枚则一节柜台 6 盘是 168 枚，如果有三节柜台摆放戒指，则是 216～504 枚，如一枚戒指平均成本 1 000 元，则是 20 万元和 50 万元的差距，可见每盘多摆和少摆对于投资者来说意味着双倍资金问题，而销售效果并不一定以同比增长。

到底一个小型盘放多少最好呢？分析如下：

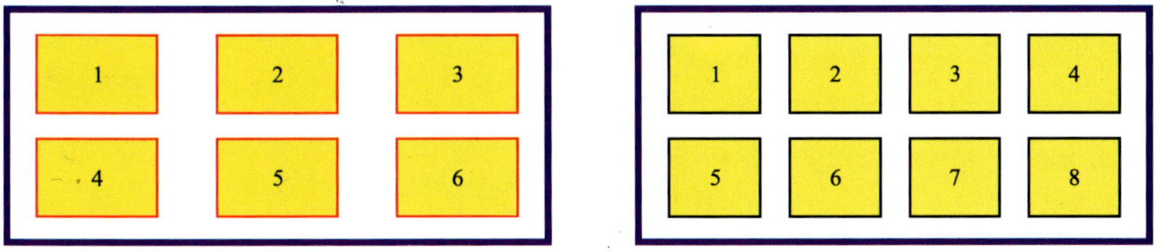

1.6m柜台小盘摆放数量

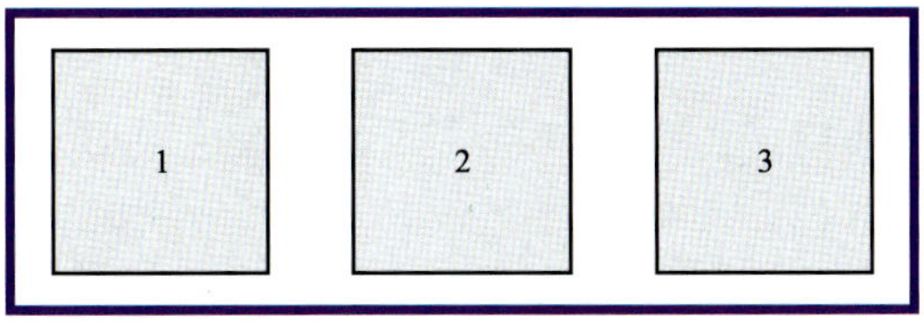

1.6m柜台大盘摆放数量

图 7-4 珠宝柜台首饰盘摆放方式示意图

7枚戒指摆放照片

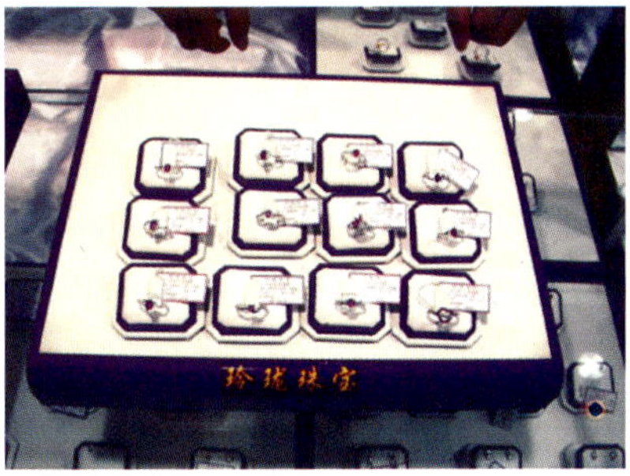

12枚戒指摆放照片

14 枚戒指摆放照片

18枚戒指摆放照片

图 7-5 摆放数量不同的首饰盘

多摆（一盘 24～28 枚以上）
- 优点：可供选择性大
- 缺点：①太多，顾客易眼花，不知选择哪枚
  ②看到一件，再去找另一件对比，又不易找到前一件
  ③资金占用大

少摆（一盘 12～18 枚）
- 优点：资金占用少，容易寻找、观察
- 缺点：可供选择性小

根据统计研究表明，小盘比较合适的戒指数量为 18～20 枚，既节省资金，又有较大的可供选择性。与此同时，在季节变换时或五一、国庆戒指销售高峰期，只要直接增加盘数即可直接增加戒指数量。

另外，戒指数量还存在一个比例问题，即所有首饰中戒指应占多大比例，其他首饰占多大比例；还有指圈大小及其比例问题；金的用量以及不同用金量戒指的比例问题；等等。

对于戒指在首饰中的比例问题，后文将进行叙述。指圈大小及其比例问题，笔者认为，通常做法是在北方的城市销售一般指圈偏大，而在南方城市则偏小。但问题是：珠宝公司制作的一批货（通常有些新款），事先并不知放在南方销售好还是北方销售好，如何来做呢？笔者建议：在国内有许多销售网点的珠宝公司，对全国人口大致做一个指圈大小的调查，对每个地区人们指圈特点统计出规律，以便指导首饰的制作。这一工作做起来并不困难，且收益巨大。指圈大小确定后，则金的用量便容易确定下来，因为通常金用量与指圈大小成正比。

2. 柜台上首饰的品种问题

主要涉及两个方面：宝石种类、首饰类型。这两个方面也同样存在一个数量和比例问题。而比例问题更加重要（你不希望整个柜台只有钻戒吧?）。

（1）宝石种类

目前国内珠宝市场销售的主要是钻饰（主要因为宣传不够，人们对其他宝石了解甚少所至），其次为少量的红宝石、蓝宝石、翡翠、珍珠饰品，如图 7 - 6 所示，而其他宝石就更加稀少了。作为商家的确要满足市场需要，但同时更应该引导消费。服装业通过服装展示会、发布会等引导潮流，珠宝企业也同样可以通过首饰展示会等方式来引导消费。但目前国内这方面还有待于进一步加强。

笔者根据市场调研发现，如果一个专柜有 70％～80％是钻饰，而另外 20％～30％为其他宝石，如珊瑚、海蓝宝石、红蓝宝石、翡翠等，只要款式好，销路非常不错。特别是若该珠宝公司规模越大效果越明显。商家在常见珠

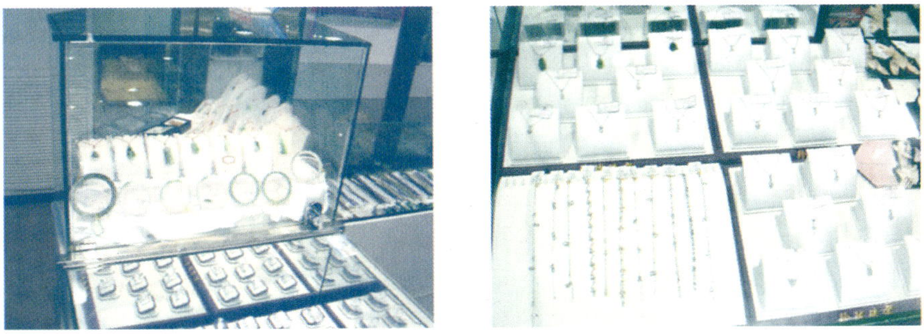

图 7-6　部分柜台上的宝石种类

宝品种上打价格战，不防另辟稀径，加大其他某种或某几种宝石的宣传，获得新的增长点。

（2）首饰类型

市场上常见的首饰类型主要是：戒指、耳钉、项链、链牌、手链、手镯等，如图 7-7 所示，偶尔有商家销售脚链、臂链、鼻饰等罕见首饰。人的身体每一个部位都有可能成为首饰的佩带点，关键在于设计和宣传，因此建议有条件的企业进行相关的创新，增加首饰的品种，同时为了保护创新可以申请相关专利。比如中国地质大学（武汉）珠宝学院学生毕业设计的臂环就极富新意，很有市场潜力，有待于挖掘。

图 7-7　部分首饰类型

对于首饰各类型的比例问题，应随季节变动随时调整，如五一、国庆前后多放戒指；春秋季节多摆项链、链牌；而耳钉、耳环季节变动小。因此，应随时调整货品以适应市场变化。建议企业最好能同时在南、北方都有专柜，这样季节变动时可以调剂而不必重新生产，否则一旦过时就得库存到明年才能销路增加。

3．柜台上首饰的款式问题

许多专柜一味追求新款，熟不知新旧本来就是相对的，随地域的不同、文化的不同，不存在绝对的新款，这几年不是也流行唐装吗？新款有一个市场接受的问题，在一个地方是新款，在另一地方可能是旧款，款式永远存在一个时间和空间的问题。

根据调查结果显示：一个专柜首饰款式比例比较合适，应为10％老款、40％经久款、40％较新款、10％最新款。一味追求新设计的所谓新款，必然资金占用过大。款式比例问题，各珠宝企业可以在销售中进行实验，以求最佳效果。

4．柜台布局与装饰

柜台的布局或装修，首先要遵循一般原则：富贵、高雅、亮丽。因为珠宝公司销售的首饰属于奢侈品，柜台应当如此装修。另外，为了突出与众不同，更应当突出个性化，并通过柜台的布局与装修表达本公司的经营理念。布局的最佳效果应是：让顾客看一眼便难以忘怀，而且给人寻味，给人信心，给人欲望。

装修中注意设计、灯光、展示柜、灯箱、盘、装饰物、营业员服装等要协调。如图7－8所示。

图7－8　深圳市福麒珠宝首饰有限公司（在美国上市企业）的珠宝销售大厅

经营首饰的专柜，涉及物资管理、人事管理、财务管理（价格、账目等）、营销管理和一些软件方面管理（如公共关系、品牌、珠宝产品质量管理等）。而营销管理是将人、物、钱等直接有机统一，软件方面管理则是有力的保障。

综上所述，珠宝首饰的陈列管理若想富有成效，一定要花时间和精力去调查、去研究，做到在实践中不断探索不断更新才会有巨大的效益。本书提出的管理方式仅供参考和讨论。

二、珠宝设备管理

珠宝行业中，无论企、事业单位都有自己的设备，它们是有形的固定资产，是生产产品的物资基础。设备的良好状态，对于提高产品的质量、降低成本、提高劳动生产率和经济效益都至关重要。

由于不同企业设备不同，如加工设备与镶嵌设备相差巨大，因此，这里要讲述的是一些设备管理的基本原则。

1. 设备的选购

珠宝在生产开始或进行中，要不停地进行设备更新，以提高劳动生产率和工艺水平。因此，设备选购是设备管理非常重要的一环。

（1）设备选购应考虑的技术因素

①生产性：生产效率；

②可靠性：无故障；

③维修性：维修难易、成本；

④节能性：节约能源；

⑤安全性：安全程度、报警系统；

⑥环保性：污染程度；

⑦成套性：配套水平；

⑧灵活性：不同条件、地点适应性。

（2）设备选购的经济评价

①投资回收期法

通过计算各设备的投资回收期，选择回收期最短的设备。

计算公式如下：

$$设备投资回收期(年)=\frac{设备投资额}{采用该设备后平均收益额}$$

②年费法

它是将设备的购置费（即最初一次投资费）依据设备的寿命周期，按复利率计算，换算成相当于每年的费用支出后，加上每年的维持费，得出不同设备的年投资费用，然后从中选择一个年投资费用最低的方案。

年投资费用＝一次性购置费用×资金回收率系数 ＋年维护费用

其中：

$$资金回收系数=\frac{b\ (1+b)^n}{(1+b)^n-1}$$

式中：b——年利率；

n——设备寿命周期。

③净现值法

把设备投资方案在有效期间逐年发生的经费折算为现值，再将收入现值减支出现值等于净现值，最后选一个净现值大的方案。

2. 设备综合管理的内容

设备综合管理是对设备的选购、维修、更新改造和报废处理全过程的管理工作。

主要内容有：

(1) 设备的选择和评价：技术、经济上的评价。

(2) 设备的使用管理:减少磨损,延长寿命,“安全责任制”、“使用责任制”。

(3) 设备的检查、维护保养和修理。

(4) 设备改造与更新：改用新技术、降低成本。

(5) 设备日常管理：分类、登记、编号、调拨等。

3. 设备的劣化与更新

设备的劣化分为技术劣化和经济劣化。

技术劣化：由于设备有形磨损而使设备性能、精度、可靠性降低。

经济劣化：由于同样设备价格下降等原因造成设备贬值。

设备劣化导致生产率下降、成本增加，过早报废设备又会增加费用支出。因此需要了解最佳更新时机的两种方法。

(1) 低劣化数值法

经使用，由于有形磨损，设备经过 t 年后，其残值为零。设备原始值 B，设备维修费每年以 q 的数值增加，则每年的设备使用费 C 为：

$$C=\frac{B}{t}+\frac{q(t+1)}{2}$$

其中：$\dfrac{\frac{t(t+1)}{2}q}{t}\rightarrow\dfrac{q(t+1)}{2}$

则 MIN C，当 $\frac{\mathrm{d}C}{\mathrm{d}t}=0$ 时有极小值，(因为二阶导数 $\frac{\mathrm{d}C^2}{\mathrm{d}t^2}=2Bt^{-3}>0$)

而 $\frac{dC}{dt}=q/2-B/t^2$

因此 $t=\sqrt{2B/q}$

这样就计算出了年使用费用最低的设备使用时间（年限），即设备的经济寿命（最佳更新周期）：

$$t=\sqrt{2B/q}$$

(2) 经济寿命法

设备使用到一定年限后，生产效率会降低，维护费用会增加，继续用成本会上升，通过估计使用年限的年使用成本来确定一个最佳使用年限，即设备使用成本最低年限。

4. 设备管理评价

设备管理的优劣主要通过一系列指标来衡量。这些指标为：

(1) 设备完好率 $=\frac{\text{完好设备台数}}{\text{设备总台数}}\times 100\%$

(2) 设备故障率 $=\frac{\text{故障停机时间}}{\text{生产运转时间}}\times 100\%$

(3) 维修费用率 $=\frac{\text{维修费用}}{\text{产品产量}}\times 100\%$

思 考 题

1. 珠宝企业实行科学定员的主要方法？
2. 珠宝首饰陈列包括哪些方面？
3. 你认为什么样的珠宝专柜布局是合理有效的？
4. 设备选购的经济评价方法有哪些？
5. 什么是低劣化数值法？

第八章 质量管理和品牌管理

珠宝检测机构，需要有国家或当地技术监督局授权才可以进行检测工作，它们都要通过质量认证和计量认证。除此之外，一些企业为了保证品牌，树立企业形象，还通过一些国际认证机构，如 ISO 体系等，来进行质量的评估和监督。目的都是一个：保证产品质量。

第一节 质量管理概述

产品质量好坏不仅关系到企业销售情况，更关系到企业的形象和消费者的切身利益，因此，可以说质量是企业的生命线。珠宝产品质量同任何其他产品一样，是企业和消费者共同关心的问题。

一、质量及质量管理

1. 质量

有广义、狭义之分。狭义的质量指产品、过程和服务满足规定和潜在要求的特征和特性之和。广义的质量指产品质量和工作质量（为提高产品质量而工作的质量）。

2. 质量管理及其意义

质量管理是指确定质量方针、目标和职责，并在质量体系中通过诸如质量策划、质量控制、质量保证和质量改进使其实施的全部管理职能的所有活动。其目的是为了提高产品本身质量素质和竞争力。

许多珠宝公司花代价通过 ISO 质量认证，目的无非如此。“一个低素质的民族难以屹立于世界之林，一个产品质量低劣的企业必将被市场淘汰”。

提高质量对企业的重要性：

(1) 质量是企业的生命

作为奢侈品的珠宝首饰，需要有经久耐用的特点，甚至可以被渊源流传。所以珠宝首饰质量的好坏不仅影响到它们的价格，更影响到它们的销售和使用，进而决定了珠宝企业的收益甚至发展。

(2) 质量是企业树立形象的前提

能够经受考验的首饰质量，给生产它们的企业带来利润的同时，更为企业带来声誉，树立了企业在消费者心目中的形象。许多消费者会以消费这些珠宝首饰为荣耀，因此，质量是企业光辉形象的根基。

(3) 质量是企业效益的源泉

消费者在购买珠宝首饰时，款式、价格和质量是他们主要考虑的因素，能够打动消费者的核心因素便是珠宝首饰的质量。好的产品质量意味着好的销售业绩，好的销售业绩也说明了产品在消费者心目中的接受程度，这些构成企业获得收益的重要因素。

(4) 质量是市场营销的后盾

企业在进行促销的各种活动中，使用的方法无论多么先进和诱人，但是如果产品存在质量问题，仍然会使消费者望而却步，质量好是产品销售的前提，是企业开展销售活动的后盾，更是企业发展的保障。

二、ISO9000 系列质量标准

1. ISO9000 系列质量标准介绍

ISO9000 系列质量标准推行之前质量管理经历了从传统质量管理（19 世纪末）→质量检验管理（1981 年前后，以美国泰勒为代表）→统计质量管理阶段（20 世纪 20 年代，休哈〈美国〉为代表）→全面质量管理阶段（20 世纪 50 年代）→质量管理的国际标准化（1977 年德国标准化学会倡议 ISO 体系，于 1980 年设立）的多个阶段。

ISO9000 系列标准化是全球性统一质量管理和质量保证国际标准。1994 年再版，成为我国企业和全球企业推行的全面质量管理的规范。全文 20 余万字，由 5 个主体标准构成。

(1) ISO9000《质量管理和质量保证标准》

它分为三部分：ISO9000－1《质量管理和质量保证标准——第一部分：选择和使用指南》。ISO9000－2《质量管理和质量保证标准——第二部分：ISO9001、ISO9002、ISO9003 实施导则》。ISO9000－3《质量管理和质量保证标准——第三部分：ISO9001 在软件开发、供应和维护中的实施导则》。ISO9000－1 是整个 ISO9000 系列标准的总体说明，它阐明了与质量有关的基本概念以及这些概念之间的联系和区别，为 ISO9000 系列质量管理和质量保证标准的选择和使用提供指南。

(2) ISO9001《质量体系——设计/开发、生产、安装和服务的质量保证

模式》

它阐明了从产品的设计/开发直到售后服务为止全过程的质量体系要求。该标准强调统计过程中的质量控制，适用于要求供方质量体系提供具有从合同评审、设计直到售后服务都能进行严格控制能力的证据，以保证这一过程符合规定的质量要求。

(3) ISO9002《质量体系——生产、安装和服务的质量保证模式》

它阐明了从采购开始直到售后服务为止的这一过程的质量体系要求。该标准强调预防为主，要求生产过程质量控制与最终产品的检验合格，适用于要求供方质量体系提供具有对生产和服务过程能进行严格控制的能力证明，以保证这一过程符合规定的质量要求。

(4) ISO9003《质量体系——最终检验和试验的质量保证模式》

它阐明了从产品最终检验和试验到成品交付的质量体系要求。该标准强调最终产品的检验和试验，要求供方建立一套完善而有效的检验系统，适用于要求供方质量体系提供对产品最终检验和试验进行严格控制的能力证明，以保证最终检验和试验过程符合规定要求。

(5) ISO9004《质量管理和质量体系要素——指南》

ISO9004 分为 6 个标准，分别是：

ISO9004-1《质量管理和质量体系要素——第一部分：指南》；

ISO9004-2《质量管理和质量体系要素——第二部分：服务指南》；

ISO9004-3《质量管理和质量体系要素——第三部分：流程性材料指南》；

ISO9004-4《质量管理和质量体系要素——第四部分：质量改进指南》；

ISO9004-5《质量管理和质量体系要素——第五部分：质量计划指南》；

ISO9004-6《质量管理和质量体系要素——第六部分：技术状态管理指南》。

ISO9004-1 是用来帮助企业建立一个健全的质量体系，以提高企业自身的质量管理水平，满足采购方、公正的第三方（认证机构）对企业质量体系评审、认证的需要。其内容比 ISO9001、ISO9002、ISO9003 更全面和更丰富。当然，尽管这一标准具有广泛的适用性，如果遇上了某些具体情况，则需要选用其他分标准进行补充。如对于提供服务或提供有服务成份的产品的企业应辅以 ISO9004-2 标准，对生产流程性材料产品的企业，应辅以 ISO9004-3 标准。

2. 质量体系认证程序

质量体系认证通常分为两个阶段。第一阶段为认证的申请和评定阶段，主要工作是提出申请、获准认证、取得认证合格证书；第二阶段为对认证的供方质量体系进行日常监督管理，以保证获准认证的供方质量体系在认证有效期内持续符合相应质量体系标准要求。

质量体系认证的程序如下：

（1）企业向认证机构提出质量认证申请。

（2）认证机构对企业进行非正式调查。

（3）认证机构和企业一起根据需要，从质量保证系列标准（ISO9000 系列）中选定质量保证模式。

（4）认证机构提出评审费用预算。

（5）企业准备质量手册和质量体系评定附件。

（6）认证机构评定质量体系文件，并通知企业对不符合要求或有遗漏之处进行修正与补充。

（7）企业做好准备工作。在进行现在评审前，企业要向认证机构提供与认证有关的文件及有关记录。

（8）认证机构进行现场评审。评审组在评审结束后将调查结果以书面报告形式通知领导，并对不符合的方面限时进行改正。

（9）企业修改。企业应在规定期限内完成体系的修改，认证机构对修改后的体系作部分或全部评价。

（10）批准注册。经评审组推荐，由认证管理机构确认，即可批准注册，颁发证书，批准企业使用认证管理机构规定的标志。

（11）监督。质量体系评定和注册的有效期一般为三年，在此期间，认证机构根据评定规则严格监督企业的质量体系，以核实质量体系是否持续符合质量体系标准的要求。

（12）重新评价。每隔三年对企业质量体系重新评定，以确定是否延长认证的有效期。

3. 质量体系认证的意义

质量体系认证是依据产品标准和相应技术要求，经认证机构确认并通过颁发认证证书和认证标准来证明某一产品符合相应标准和相应技术要求的活动，对于企业来说意义深远。

（1）有利于企业产品迅速打入国际市场

珠宝企业参与质量体系认证，就是在向世界宣布他们的产品和服务以及管理符合国际标准，提高了使消费者认同的程度，这不仅扩大了企业和产品的宣传，还为参与国际市场竞争打下良好基础。

（2）有利于提高企业形象

不同的珠宝企业可以选用不同的参考标准，包括企业标准、省级标准、国家标准和国际标准。这些标准的选择取决于企业产品的技术和质量，企业选用参考的标准越高，说明产品的质量或管理要求越高，这不仅提高了产品的竞争力，也提升了企业的荣誉和形象。

（3）有利于企业加强质量管理

质量认证的本身就要求企业加强产品质量和管理，这样才能通过认证。参与质量体系认证过程中，企业能够根据标准中提出的要求，完善自身的不足，改善了企业的结构，为产品质量的提高提供了保障。

（4）有利于保护消费者的合法权益

参加质量体系认证，一方面加强了企业自身质量和管理的改善，另一方面也是为消费者提供更加优质的产品作出了努力，也就是保证了消费者应获得的合法利益。

三、全面质量管理

全面质量管理即 TQM（Total Quality Management）。它是质量管理发展的最新阶段，起源于美国，后来其他一些发达工业国家开始推行，并且在实践运用中各有所长。特别是日本，在 20 世纪 60 年代以后推行全面质量管理取得丰硕成果，引起世界各国的瞩目。

全面质量管理的含义是：为了在最经济的水平上，并考虑到充分满足顾客要求的条件下，进行市场研究、设计、制造和售后服务，把企业内各部门的研制质量、维持质量和提高质量的活动构成一体的有效体系。其目的就是以最经济的手段生产出顾客满意的产品，使企业及其全体成员以及社会都能受益，从而使企业获得成功和发展。其基本核心就是提高人的素质，增强质量意识，调动人的积极性，使人人做好本职工作，通过抓好工作质量来保证和提高产品质量和服务质量。

TQM 活动的全部过程，就是质量计划的制定和组织实现的过程。这个过程就是按照 PDCA 管理循环，不停顿地周而复始地运转。PDCA 管理循环是全面质量管理所应遵循的科学程序。PDCA 是 4 个英文单词（Plan、Do、Check、Action）的首字母缩写。P 代表计划，D 代表实施，C 代表检查，A 代表处理。PDCA 管理循环就是按照这样的顺序进行管理，并且循环不止地进行下去的科学工作程序。这是由美国质量管理专家戴明博士首先提出的，所以又叫做“戴明环”。

（一）推行全面质量管理的四个基本要求

在 TQM 方法中解决问题的一个重要方面是消除导致质量的原因，以使问题不会再次发生。这就是为什么在采用 TQM 方法时，总是把问题看成是改进质量的机会。

因此，推行全面质量管理的基本要求可以用“三全、一多”进行概括。

1. 全员的质量管理

产品质量是企业各方面、各部门、各环节全部工作的综合反映。企业中任何一个环节、任何一个人的工作质量都会在不同程度、直接或间接地影响着产品质量或服务质量。因此，对于产品的质量，可谓人人有责。所以必须充分调动企业所有人员的积极性和创造性，不断地提高人员素质，上至管理人员，下至员工，人人都要关心产品质量和服务质量，人人都要做好本职工作，全体参加质量管理。只有通过全体人员的共同努力，才能生产出令顾客满意的产品。

要实现全员的质量管理，应该做好三个方面的工作：

（1）要开展多种形式的群众性质量管理活动，尤其是要开展质量管理小组的活动，充分发挥广大职工的聪明才智和当家做主的进取精神。这是解决质量问题、提高管理水平、提高企业素质的有效方法。

（2）要全面制定各部门、各级、各类人员的质量责任制，明确分工和职权，各司其职，各显其能，密切配合，形成一个高效、协调、严密的质量管理工作系统。

（3）必须抓好全员的质量教育工作。加强职工的质量意识，牢固树立“质量第一”的思想，促进职工自觉地参加质量管理中的各项活动；同时，还要不断提高职工的技术素质、管理素质和政治素质，以适应深入开展全面质量管理的需要。

2. 全过程的质量管理

全过程的质量管理包括从市场调研、产品的设计开发、生产和作业到销售、服务等全部有关过程的质量管理。任何产品或服务的质量，都有一个产生、形成和实现的过程，即质量环。要保证产品或服务质量，不仅要搞好生产或作业过程的质量管理，还要搞好设计过程和使用过程的质量管理，对于珠宝首饰企业尤为重要。把产品质量形成全过程的各个环节和有关因素控制起来，形成一个综合性的质量体系。做到以预防为主，防检结合、重在提高。

全面质量管理强调必须体现以下两个思想：

（1）预防为主，不断改进的思想

优良的产品质量是设计和生产制造出来的，而不是靠事后的检验才决定出来的。事后的检验面对的是已经既成事实的产品质量。根据这一基本道理，全面质量管理要求把管理工作的重点，从“事后把关”转移到“事前预防”上来；从管理结果转变为管理因素，实行“预防为主”的方针，把不合格品消灭在它的形成过程之中，做到“防患于未然”。

为了保证产品质量，防止不合格品出厂或流入下道工序，并把发现的问题及时反馈，防止再出现、再发生，加强质量检验在任何情况下都是不可缺少的。强调预防为主、不断改进的思想，不仅不排斥质量检验，而且甚至要求其更加完善、更加科学。质量检验是全面质量管理的重要组成部分，企业内行之有效的质量检验制度必须坚持，并且要进一步使之科学化、规范化。

(2) 为用户服务的思想

用户有内部与外部之分。外部的用户可以是市场的顾客、产品的经销者、消费者或再加工者；内部的用户即是企业工序之间的下道工序。实行全过程的质量管理，要求企业所有各个工作环节都必须树立为用户服务的思想，这当然包括企业外部的用户。具体地说，在企业内部，要树立“下道工序是用户”、“努力为下道工序服务”的思想。现代工业生产是一环扣一环，前道工序的质量会影响后道工序的质量，一道工序出问题，就会影响整个过程以至产品质量，因此，要求每道工序质量都要经得起下道工序即“用户”的检验，满足下道工序的要求。只有每道工序在质量上都坚持高标准为下道工序着想，为下道工序提供最大的便利，企业才能目标一致地、协调地生产出符合规定要求，满足用户期望的产品。

3. 全企业的质量管理

全企业的质量管理可以从两个角度来理解。

(1) 组织管理

每个企业都可以划分成上层管理、中层管理和基层管理，“全企业的质量管理”就是要求企业各管理层次都有明确的质量管理活动内容。当然，各层次活动的侧重点不同。上层管理侧重于质量决策，制定出企业的质量方针、质量目标、质量政策和质量计划，并统一组织、协调企业各部门、各环节、各类人员的质量管理活动，保证实现企业经营管理者的最终目的；中层管理则要贯彻落实领导层的质量决策，运用一定的方法找出各部门的关键、薄弱环节或必须解决的重要事项，确定出本部门的目标和对策，更好地执行各自的质量职能，并对基层工作进行具体的业务管理；基层管理则要求每个职工都要严格地按标准、按规程进行生产，相互间进行分工合作，互相支持协助，并结合岗位工作，开展群众合理化建议和质量管理小组活动，不断进行作业改善。

(2) 质量职能

产品质量职能是分散在全企业的有关部门中的，要保证和提高产品质量，就必须将分散在企业业务部门的质量职能充分发挥出来。但由于各部门的职责和作用不同，其质量管理的内容也是不一样的。为了有效地进行全面质量管理，就必须加强各部门之间的组织协调，并且为了从组织上、制度上保证企业长期稳定地生产出符合规定要求、满足顾客期望的产品，最终必须要建立起全企业的质量体系，使企业的所有研制、维持和改进质量的活动构成为一个有效的整体。建立和健全企业质量体系，是全面质量管理深化发展的重要标志。可见，全企业的质量管理就是要“以质量为中心，领导重视、组织落实、体系完善”。

4. 多方法的质量管理

随着现代科学技术的发展，顾客对产品质量和服务质量提出了越来越高的要求。影响产品质量和服务质量既有物的因素，又有人的因素；既有技术的因素，又有管理的因素；既有企业内部的因素，又有企业外部的因素。要把这一系列的因素系统地控制起来，并且全面管好，就必须根据不同情况，区别不同的影响因素，广泛、灵活地运用多种多样的现代化管理方法来解决当代质量问题，其中要特别注意运用统计方法和统计思考方法。在运用这些方法的过程中应注意以下几点：

(1) 尊重客观事实，尽量用数据说话

在质量管理过程中，要坚持实事求是，科学分析，尊重客观事实，尽量用数据说话。真实的数据既可以定性反映客观事实，又可以定量描述客观事实，给人以清晰明确的数量概念，可以更好地分析问题、解决问题，纠正过去那种“大概”、“好像”、“也许”、“差不多”的凭感觉、靠经验的工作方法。这样，用事实和数据说活，就可以树立科学的工作作风，把质量管理建立在科学的基础上。

(2) 遵循 PDCA 循环的工作程序，这是科学管理的基本方法

进行任何活动都必须遵循 Plan—计划、Do—执行、Check—检查、Action—处理这一科学的工作程序，使其不断循环，不断提高。这一行之有效的科学方法，不仅适用于质量管理，也适用于其他管理。

(3) 广泛地运用科学技术的新成果

全面质量管理是现代科学技术和现代化大生产发展的产物。所以应该广泛地运用科学技术的新成果，如先进的专业技术、检测手段、电子计算机和系统工程、价值工程、网络计划、运筹学等先进的科学管理方法。

“三全、一多”围绕着有效地利用人力、物力、财力、信息等资源，以最经济的手段生产出顾客满意的产品。这是我国企业推行全面质量管理的出发点和落脚点，也是全面质量管理的基本要求。企业实行全面质量管理，提高质量，降低消耗，增加效益，为社会提供各种优质产品和优质服务，无疑对提高人民生活水平，促进社会发展进步，将产生深远影响。

(二) 实现全面质量管理的工作方法

在如何改进质量的问题上，美国管理大师、全面质量管理之父戴明提出了著名的14个工作要点，这些要点对后来的全面质量管理思想的发展方面起到重要的推动作用，对于推行全面质量管理体系的企业来说，有重要的借鉴作用。

1. 在全体员工中建立改进产品和服务的坚定目标

建立坚定不移的目标，促使公司所有员工参与到改进产品和服务的活动中，才能使公司具备强大的竞争力，才能可持续发展。

要建立恒久一致的目标意味着：

(1) 持续进行企业的创新工作。

(2) 加强对企业的研究和对员工的教育工作。

(3) 持续不断地改善产品和服务的质量。

(4) 维护现有企业设备、固定资产，注意进行新的资产投入，提高企业的工作效率。

对质量、生产过程和顾客满意的不可动摇的追求，建立恒定目标是上层管理者和员工的共同责任。但是，只有高层管理者重视，目标才有可能实现。恒定的目标要求管理者清楚地定义公司的使命、远景和经营理念，致力于长期目标来满足顾客的需要，基层管理者应当鼓励员工创新。

2. 不断采用新观念促进企业发展

企业要善于及时采用新观念并采纳适于持续质量改进的计划。公司所有人员要充分认识到公司处在一个全球竞争的新时代，竞争的存在促使所有员工要不断更新观念，树立对质量的重新认识，即顾客将不再对不良的产品质量实行忍耐。企业管理者必须同样认识到他们无法回避质量管理的问题。他们应当村立管理新观念，引导员工加入到持续改进产品和服务的无限循环中来。

3. 停止依靠大量的检验来保证质量的方式

事实证明，以往的在产品生产过程的结尾进行大量检验的方法并不能有效地保证和改进产品的质量。要告诫参与工作过程的所有员工：产品质量的如何是在生产中确定的，这样的方式将更有助于质量改进。因此，作为企业管理者，要知道如果生产中出错就要付出无谓的成本。

4. 不能仅仅以原料价格作为选择供应商的采购标准

采购应该是一种团队合作，而团队中最重要的一员，就是供应商，因此，选择供应商应当被看成是选择长期的合作伙伴，意味着既要考虑其产品或服务的质量，也要考虑价格，可靠性和生产能力。

一个良好的供应商应当从以下几个方面考虑：

（1）供应商过去的表现如何，比如他的资信水平如何，和其他供应商的关系如何。

（2）企业是否采用新的管理方式，是否有一套持续改善过程的系统，还是单一依靠质量检验。

（3）供应商对本企业配合需求的能力有多大，本企业作为它的顾客，对它的重要性如何。

（4）供应商的业务水平与管理水平如何。

（5）企业对员工投入的关于质量的教育与培训经费有多大比重。

只有从多方面考虑，对考察合格的企业才可以作为长期合作的伙伴。作为管理者，就要认识到自身企业的产品质量水平取决于原料的质量最高水平，要根据价值而不是价格选择供应商，明确自身对供应商的需要、期望和质量要求，与提供满意质量标准的供应商发展彼此信任的、长期的和可靠的关系。

5. 不断改进生产和服务系统

产品的质量改进不是一劳永逸的工作，需要始终致力于产品生产与服务系统中每个过程的持续改进，这对实现质量、降低成本是十分重要的。

作为一个企业的领导人，必须意识到持续的质量改进的效果是否存在，需要从以下几个方面进行考核：

（1）检查企业的目前表现，是否比前两年有所进步？

（2）营销方法是否有效率？

（3）顾客满意度是否提高？

（4）员工荣誉感和表现是否有所改进？

实践证明，（PDCA）是行之有效的科学的质量改进方法，每个企业应该引起充分的重视，珠宝企业在生产、销售活动中也必须应用这一方法，提高企业质量，促进企业进一步发展。

6. 建立工作岗位培训

以前的员工往往依靠单一的从别的员工那里学到一些知识，或者依靠简单的培训手册，这无疑是不够的。需要对所有员工进行系统的培训。

所有不同层次的员工都需要有关质量的技巧和知识，从而能正确有效率地工作。质量过程改进和培训是质量管理教育必不可少的部分。检查培训计划，是否真正给员工提供了可以使员工把高质量的产品和服务传递给顾客并且满足顾客需要所必需的工具？如果想要员工致力于质量，就必须使他们在服务顾客和质量管理等观念上接受培训，以便员工掌握无论在今天或是在未来都能够完成其工作的技巧。

7. 领导挂帅

领导者的任务就是保证所有员工更好地工作，清除任何妨碍员工正常工作的不利因素，管理者必须明白，工人需要培训才能成为质量改进中的先导，因此，真正的管理者使用的方法包括支持、反馈、辅导、鼓励、分享责任、不责备，而不是只习惯于批评和教训别人。管理者需要认真地观察他们是怎样看待非管理者，怎样与员工沟通的。质量观念需要有效的团队协作。管理者必须在所有的决策和行动中支持团队的建立，管理者需要开发技巧来激发和影响员工。

8. 排除恐惧

担心做错和怕冒风险的心理在传统的组织结构中都是正常的，但所有这些对于试图对顾客需要做出积极反应的个人和公司来说都是破坏性的，因为它不利于公司改善产品质量与服务。

排除所有这些恐惧因素的主旨就在于使每一个员工能在有安全感的环境中更有效率地工作。但所有这一切只有管理层有所改进。消除员工的这种担心，进而在组织中形成信任和创新的氛围，恐惧感才会消失。

9. 打破各个职能部门之间的障碍

作为一个企业，各个工作领域（事业部、部门、职能的或地域的）之间的竞争和不合作，最不利于顾客反馈意见的传递和作为整体公司的质量提升。而打破各个职能部门之间障碍的目的在于不论是开发、设计、制造或营销部门的人员，都应当通力合作，形成团队，共同思考产品在使用过程中的问题，并防患于未然。对此，消除部门间障碍的方法主要有以下几方面。

（1）鼓励沟通。安排公司内各层次的员工都有非正式对话的机会，而不在乎职位与层次如何。

（2）鼓励持续学习与进修。有的公司可以组织体育、音乐、语言等社团，提供读书会所必需的设施，并担负公司外部社交聚会的费用。

此外，在对待顾客方面，所有员工应当主动合作并尽可能地给顾客提供最好的服务。如果一个企业有不同的部门和职能领域，开放式沟通并使用跨职能的团队解决问题将是非常重要的。以组织的共同目标培训员工，教导员工通过协作来实现目标，并从管理者开始，倡导并消除“我们—你们”的隔阂。

10. 消除口号和个人目标

事实上，单纯的贴标语、喊口号而没有实质性的措施，并不能带来真正的质量改善。那些不切实际的劝诫和个人目标反而会增加团队间的竞争，而且往往是没有意义和随意的，经常对激励产生负作用，因为这些往往只有目标而没有实现目标的途径。事实上，取代上述做法应当是教育员工协作的能力与精神，培养以员工为骄傲的思想，以此激发员工对工作的兴趣与努力。

11. 剔除以数量定额和目标管理取代领导

定额、生产标准、刺激性的报酬和目标管理不能保证人们更好地工作；而以绩效来取代无意义的数字、目标，通过帮助员工了解过程、改进过程来指导员工持续改进质量，事实证明要有效得多。或许这比仅仅测量结果要困难得多，但这是质量改进的关键。在企业中，考虑一下如何测量生产率，懂得过程并建立质量和生产率的测量基线，然后在工作上改进它们，它能表明有关产品或服务的真实质量。

12. 使员工找回以其工作为自豪的权利

每个员工都有以自身工作成果为荣的权利，有享受提高产品质量而获得奖励的权利，而不应当被剥夺。但是许多记功和报酬制度往往奖励的是产品数量而忽视对质量的激励，从而使员工失去了以参与其工作为自豪的权利。对此，企业管理者必须创造一种环境，在这个环境中允许所有层次的员工出类拔萃，努力致力于提供高质量产品和服务，培养以其工作为骄傲的自然感受。

13. 制定员工有活力的教育和自我改进计划

致力于质量改进的公司一定要成为学习型的组织，不断维持自我评价的状态，并且不断改进目标以应对顾客需要的变化。因此，需要对员工制定有活力的教育与自我改进计划。以不断改进技巧增加知识，这样他们就能够为产品改进做出积极的贡献。不能因为公司小而不教育和发展其员工，管理者必须给员工提供学习机会，这样员工才会更好地把他们的技巧和知识应用于公司的持续发展过程中。

14. 采取行动完成转变

真正地采取质量改进的行动始于完全了解和运用 14 个要点。上层管理者提出实施质量观念的行动方案，但具体实施则是每个员工的工作。企业的转变必须开始于领导层对质量观念的坚定不移的推动。不要等待顾客把质量问题强加于你，而要采取主动。

第二节　珠宝质量管理标准化

目前，国内外出台了一系列法规、标准等来规范珠宝市场，总体上看，珠宝的质量体系有些得到公认；有些仍没有一个统一的标准，只能随行就市。

一、目前国内外珠宝质量评价标准化情况

国际上比较公认的质量评价体系中，钻石虽然欧洲与美国有所不同，但大体相似，钻石质量评价非常规范；其次是珍珠的评价体系也比较完善；另外，红、蓝宝石的质量评价体系中，美国珠宝学院（GIA）和亚洲珠宝学院（泰国）在这方面做了大量工作，得到许多珠宝界人士的认可。

其他宝石几乎没有什么公认的标准，国际珠宝联合会（CIBJO）虽努力协调，但各方面原因，至今也没有多大改观。以翡翠为例，因为翡翠变化太多，难得有一套标样，虽然我国云南省出了一套省级标准，但是对翡翠的质量评价仍然缺乏国际或者国家的统一标准，其他许多宝石也是如此。

二、我国对珠宝质量管理的标准化介绍

珠宝业在我国是一个较新型的行业，由于改革开放和国民经济的迅速发展，极大的推动了该行业的发展，随后才出现了一部《珠宝玉石国家标准》（试用），1996 年 10 月 7 日批准，1997 年 5 月 1 日执行，2003 年 1 月进行了部分修订，并正式颁布实施。该标准较全面地规定了一些珠宝玉石、贵金属的名称、鉴定依据及部分质量评价依据。

作为珠宝玉石的检测部门，从国家部级→省级→市级均有，多数属于技术监督部门管辖。主要依据：

《产品质量法》 1993 年 9 月；

《标准化法》 1988 年 12 月；

《计量法》 1985 年 9 月；

《国标》 GB/T－2003。

目前，对国内珠宝市场进行监督管理方面。对于珠宝玉石进行的检测，只做出定名，除钻石外不评价其质量好坏及价格，钻石虽然评价质量，但通常不估价。2002 年，北京又出现了首家规模较大的珠宝首饰评价公司，国家也出台了珠宝评估师资格考试。因此，各地珠宝检测部门正在酝酿珠宝价格评估方面的证书和开展这方面的实际工作。

2001 年青岛京华钻石公司将一套钻石比色石经 ISO 质量认证，并得以通过。以往钻石比色石多通过美国珠宝学院（GIA）来进行认证。

珠宝玉石的标准化问题仍是一个未解决而迫切需要解决的问题，但这段路还很长，仍然有许多工作需要众多珠宝界人士的共同努力才能完成。

第三节　珠宝品牌管理

珠宝行业，品牌巨多，例如戴梦得、金钻廊、达尔曼、金叶……但目前却少有令众多消费者知晓的著名品牌。然而品牌的价值是不容忽视的，例如，天津日化四厂，将“金鸡”品牌以 1 000 万元转让给合资企业。因此，品牌无价，企业没有品牌就等于没有灵魂。

一、品牌与名牌的含义及特征

1. 品牌的含义

品牌是指企业附在其产品或服务上的名称，是产品名称与商标的统称，通常用文字、图案、符号或三者的组合表示，如图 8－1 所示。

图 8－1　珠宝著名品牌

其特征：内部特征：可信度、知名度、时尚性等。

外部特性：品牌口号、标志、名称、形象代言人等。

“品牌就是承诺”——福州大学教授、管理顾问郭建辉说。例如：“真诚到永远”是海尔的承诺；“让用户买得放心”是小天鹅的承诺。

目前，珠宝品牌不够闻名，其中重要原因就是投入不够，包括重视程度、资金投入等。

2. 名牌的含义

对于名牌的认识，众说纷纭。有的人认为，名牌是一种著名商标；也有人认为，名牌就是指那些技术先进、质量超群、服务优异、商标驰名、令消费者满意的商品。实质上，上述认识无论是哪一种，都只是抓住了名牌的表面特征，而没有切入名牌的本质内涵。那么，名牌究竟是什么呢？

名牌是指由长期稳定的高质量、好服务所造成的为广大消费者所喜爱和接受的商品品牌。

对消费者而言，某品牌是否为其所熟知、喜爱并乐于接受而成为名牌，关键在于该品牌所代表的整体产品是否适合了消费者的需求和多大程度地满足了消费者的需求。由此可见，消费者需求是孕育名牌的决定因素，消费者是某品牌能否成为名牌的最终评判者和决定者。

名牌概念界定包含着如下几个含义和特征：

(1) 名牌是由市场决定的、被消费者公认的

随着市场经济体制改革的深化和发展，市场经济规律必然培育消费者的自主意识，消费者在长期的消费实践中通过实际使用、反复比较，逐渐对质量好、信誉高的产品品牌产生心理认同，并在此心理的驱动下重复对该品牌的购买行为。所以说，某品牌商品是不是名牌，是消费者自己评选出来的，是消费者用自己手中的货币选票评选出来的。

(2) 名牌要为消费者了解、喜爱并接受，离不开各种形式的宣传，但真正的名牌不是宣传出来的

在市场中，我们常可看到像可口可乐、松下电器、健力宝等名牌产品的广告宣传费用动辄成千上万，甚至出手上亿。许多企业便误认为只要加强宣传力度，就可以将本企业的产品品牌“轰、炒”成人人皆知的名牌。其实不然，消费者对某品牌产品的认识当然需借助于该企业所宣传的各种信息，但消费者对某品牌产品的真正了解却在于产品本身及其消费给消费者所带来的需求满足效应。只有高质量的物美价廉的产品和服务才能给消费者带来更大的满足，才能受到消费者的喜爱，才能由消费者在其消费实践中将其产品品牌内化为心目中的名牌。否则，产品质次价高，无论通过什么方式，投入多少资金进行宣传，也只能落个“竹篮子打水一场空”的下场。正因为如此，国际上知名的企业无不把对提高其产品质量作为营造名牌的重要基础。他们甚至认为，质量是产品的生命。

(3) 名牌是品牌的知名度、美誉度和市场占有率高度统一的结晶

在成千上万、琳琅满目的商品世界之中，名牌产品之所以受到广大消费者的青睐，缘于它在市场上的超乎寻常的优异特征。可以说，企业要想创造名

牌，就必须采用先进的技术，创造出质量优异、功能齐全、性能卓越、外观实用优美且适应市场需求的产品，这是某品牌产品能否成为名牌的前提条件，但仅有这一基本条件，这一品牌产品尚不足以必然变成市场中的名牌，这种优异的质量如果能进一步外化为市场知名度和美誉度，则该品牌就向名牌迈进了一大步。为了实现这一转化过程，企业必须制定适合消费者消费水平和消费心理的价格政策，综合运用各种有效的促销手段，以吸引消费者的注意并随之广设销售网点以方便其购买。各种营销策略整合运用最终在高知名度、高美誉度的基础上，形成高市场覆盖率。而高市场覆盖率的名牌也必然有较高的知名度和美誉度。

(4) 现实市场中的名牌必须落脚在消费者的消费欲望和购买力的结合点上

名牌必须是消费者愿意买且买得起的产品。为此，企业创名牌的目光不应放在眼前利益而忽视了创造名牌的根本条件，而应从培育大市场，占领大市场这一长远利益出发为未来的名牌产品制定合理的价格。因为实际上，随着市场的启动和消费需求的增强，企业是完全可以通过规模经营、降低成本来达到赢利目的的。

(5) 名牌是有时效性的

名牌是符合消费者需求并具有质量特色和质量优势的产品，但这一质量优势、质量特色和符合消费者需求都是相对的。随着社会生产力的发展，人们收入水平的提高，以及竞争形势的变化，市场需求也会不断地由低级向高级、由简单到复杂发展。因此，在特定的时空条件下形成的名牌要想获得延续和扩展，就必须根据消费者需求和社会环境的变化而不断改进和提高产品的外在设计和内在质量，以适应新的消费偏好和形势。名牌要么跟紧时代步伐，要么被时代淘汰。即使是名牌产品，现代企业也不能墨守陈规，也要不断否定自己，超越自己。根据国际、国内市场的变化不断巩固和提高产品质量，并研发新产品，淘汰旧的不合时的老产品，只有这样才能保持名牌的生命力和竞争力。

二、产品品牌策略

在珠宝企业的运营过程中，一个公司在从树立品牌发展到一个成熟的名牌过程中，需要不断的投入和长期的努力推广。

1. 统一品牌策略

企业所有产品使用同一品牌，有利于广告宣传。如四川长虹所有产品贯以"长虹"。这一策略缺点是："城门失火，殃及池鱼"。

2. 多品牌策略

企业同一产品采用多个品牌的策略，如美国宝洁公司的洗发水——潘婷、飘柔、海飞丝等。

3. 个别品牌策略

不同产品不同品牌。如东风公司：卡车用“东风”，而小轿车用“富康”，满足了不同消费者需要，降低单个品牌风险，但宣传费高。

4. 创新品牌策略

改变老品牌文字、符号、图案等以往在消费者心中的形象。许多珠宝公司时常改换名称。

5. 品牌定位策略

设计、确定产品品牌在目标市场消费者心目中的位置。有人认为：品牌档次＝产品质量×促销。包括：

（1）目标消费者定位：如“太太口服液”；

（2）产品消费感定位：如“A Diamond is forever”；

（3）产品情感形象定位：如“娃哈哈”；

（4）产品消费观念定位：如“孔府家酒”、“古井贡酒”；

（5）产品形式定位：如“白加黑”。

三、珠宝名牌的塑造策略

名牌战略是一个庞大的系统工程，确立一个名牌战略要坚持一定的创立原则，只有创出一定的战略特色，才能达到有效地占领市场、名扬海内外的目的。因此，确立的名牌战略，要从实际出发，把握自身优势以及经济特点，根据品牌的发展状况及区域市场，确定名牌战略的原则与战略重点。

1. 高质量的产品和系统完善的服务是创立名牌的首要条件

一个名牌产品，但质量很差，这是不可能成立的。同时，优质的服务也可以扩大品牌的辐射程度。

2. 塑造独特、健康、美好的品牌风格是创立名牌的催化剂

“风格”就是蕴含于品牌之中的各种文化因素，例如玉石给国人“宁为玉碎，不为瓦全”的情操。在公众心理上唤起某种特定联想，由此形成鲜明的品牌特色。

如：Diamond　　戴梦得——戴着做梦也想得到；

　　　　　　　　达尔曼——仅音译。

具体可以采用：文化因素策略、情感导入策略、专业形象策略等进行诱导。

3. 扩大宣传力度，加强可信度保障

珠宝很名贵，因此有很多人怕花钱买了假货，要消除这些影响，给予质量

可信保证（如质量认证，权威检测等）；同时要加大宣传力度。广告仅为形式之一，其他宣传也要跟上。红桃 K 的墙上广告文化很成功，既省钱又广泛深入人心。

4. 提高企业各项管理水平，适时回报消费者

这是保障名牌发展的有效手段。名牌战略是品牌从不同方面进行发展完善，并提升品牌地位的系统工程，同时也是一个渐进过程。在确定品牌的总体思路之前，必须分析本企业的发展实际，判定处于国际、国内以及企业间的地位与水平，使名牌战略的确立能基于稳定客观环境之上，将品牌战略植根实地，并改进管理，保证品牌的发展。

另外，至于中小企业创立名牌的方法，归根结底是两个字："创"、"保"，具体到企业，应做到以下几点：

（1）要有优良的产品质量和配套服务。产品质量是由消费者而非由专家来评判。在今天，优质的概念不一定是"好的"，但一定是"最需要"的。

（2）塑造出色的品牌形象和宣传切入点。包括商标、标识、广告语等的宣传，是消费者对产品的直观感，而这个第一印象非常重要。

（3）名牌的意义还在于能传播一种文化，给消费者好的消费经验。例如当今的"可口可乐"，人们饮用的不仅仅只是为了解渴，而是为了享受一种"可乐文化"。

（4）要认识到名牌也并不是十全十美的，它也需要创新，切不可固步自封，要不断对产品本身的某些缺点进行改进。

（5）要注意对品牌商标的保护，比如红桃 K 就对商标进行了全方位注册，占有了大量商标资源，防止了商标被盗用。

思　考　题

1. 与珠宝相关的质量体系有哪些？

2. 什么是珠宝品牌？什么是珠宝名牌？

3. 珠宝品牌策略包括那些内容？

4. 如何塑造珠宝名牌？

参考文献

陈莞,陈东. 管理方法. 北京:经济科学出版社,2003.

陈莞,倪德玲,裴云峰. 管理理念. 北京:经济科学出版社,2003.

陈钟惠译. 宝石学教程. 武汉:中国地质大学出版社,1997.

杭中茂,霍谰平. 现代企业经营管理. 大连:东北财经大学出版社,2003.

侯铁珊,李弘,吾敏. 推销原理与技巧. 大连:大连理工大学出版社,1999.

纪宝成. 市场营销学教程. 北京:中国人民大学出版社,1995.

雷鸣. 现代人员推销学. 广州:中山大学出版社,1997.

刘自强. 网络经济与新世纪中国珠宝首饰产业的发展. 宝石和宝石学杂志,2001,3(1):44～47.

聂鸣,陈君宁. 管理经济学. 武汉:华中科技大学出版社,1998.

邱东联. 中国翡翠钻石目录. 海口:南方出版社,2000.

孙焱林. 现代企业管理. 武汉:华中科技大学出版社,1999.

王昶,申柯娅. 浅谈珠宝首饰店堂营销. 珠宝科技,2002,14(1):42～44.

王昶,申柯娅. 珠宝首饰进入品牌营销时代. 中国宝玉石,2002(2):34～36.

王昶,申柯娅. 珠宝营销策略. 武汉:中国地质大学出版社,1998.

王昶. 中国珠宝首饰消费市场浅析. 商业研究,2001(1):103～104.

王前进. 犹太人经商全书. 西安:西安出版社,2001.

魏埙,蔡继明,刘俊民,柳欣. 现代西方经济学教程(上、下). 天津:南开大学出版社,1992.

吴晓蜂,王海波. 公司管理十戒. 北京:线装书局,2004.

徐平. 消费心理学. 上海:上海交通大学出版社,1995.

姚今观,李建平. 市场价格学. 北京:中国物价出版社,1995.

尹作为,江翠. 商家如何应对珠宝价格战. 珠宝科技,2002,14(1):45～46.

尹作为,李笑路. 珠宝市场价格策略之我见. 中国宝石,2004,13(4):218～219.

尹作为,李笑路. 珠宝专柜首饰陈列的有效管理. 珠宝科技,2003,15(3):55～57.

尹作为,谭振宇. 瑞丽珠宝市场. 珠宝科技,1998,10(1):24～25.

尹作为,陶晓辉. 珠宝行业如何创立知名品牌. 珠宝科技,2001,13(3):6～7.

尹作为,赵雁. 南阳玉雕市场前景乐观. 珠宝科技,1999,11(1):53～56.

喻世友,祁军. 哈佛商学院 MBA 全球总经理学. 广州:中山大学出版社,2002.

袁心强. 钻石分级的原理与方法. 武汉:中国地质大学出版社,1998.

张爱玲,黄东升. 现代企业策划. 北京:中国经济出版社,2002.

张蓓莉,陈华,孙凤民. 珠宝首饰评估. 北京:地质出版社,2000.

钟添贵. 卡耐基经商谋略. 乌鲁木齐:新疆人民出版社,2001.

朱洪積. 珠宝首饰消费形式与消费心理. 中国珠宝首饰,1994(4):22～25.

朱洪積．珠宝文化与营销技巧．中国宝玉石，1995(4)：36～37.

Miller A. M. Gems and jewelry appraising[M]. Van Nostrand Reinhold, New York, 1988

Adams John, Zuowei Yin and Omar Maktoba (2006). Jewelry consumption in USA, UK and China: a comparative study. Research paper of Business School of Napier University in UK.

Zuowei Yin, Adams John and Omar Maktoba (2006). Jewellery Export to UK from China, Some Research Proposals. Research paper of Business School of Napier University in UK.

[illegible]（1995(4)）:36-3[illegible]

[illegible] Kunz. The precious jewel [illegible]. Van Nostrand Reinhold, New York [illegible]

Adrian Zhang, Zuowei Xia [illegible] (2006) [illegible] consumption in [illegible] and China: a comparative study [illegible] Research paper of Business School of Napier University, UK.

[illegible] Yin, Adrian [illegible] Maclean (2006) Jewellery Export to UK from China: Some Research Proposals. Research paper of Business School of Napier University, UK.